中国近代警察法文丛

新违警罚法释义

林振镛 著
徐博强 勘校

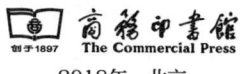
商务印书馆
The Commercial Press

2018年·北京

图书在版编目(CIP)数据

新违警罚法释义/林振镛著.—北京:商务印书馆,2018
(中国近代警察法文丛)
ISBN 978-7-100-16039-1

Ⅰ.①新… Ⅱ.①林… Ⅲ.①治安管理—行政处罚法—法律解释—中国—民国 Ⅳ.①D922.142

中国版本图书馆 CIP 数据核字(2018)第 073043 号

权利保留,侵权必究。

本书根据商务印书馆 1945 年初版排印

中国近代警察法文丛
新违警罚法释义
林振镛 著
徐博强 勘校

商 务 印 书 馆 出 版
(北京王府井大街36号 邮政编码100710)
商 务 印 书 馆 发 行
北京市艺辉印刷有限公司印刷
ISBN 978-7-100-16039-1

2018年11月第1版　　开本 880×1230　1/32
2018年11月北京第1次印刷　印张 4¾
定价:22.00元

中国人民公安大学法学院合作项目

中国人民公安大学警察法学研究中心承担

主编　程　华

执行主编　张彩凤

中国人民公安大学社科专项资助

中国人民公安大学图书馆提供版本

总　　序

　　近代中国的立法、法学研究及教育成就斐然，对中国法学的现代化贡献不小。其中，有一大部分是关于近代警察立法和警察法学研究的成果。这也更加证实了"警政为新政之基"的一贯说法。近代社会大改革大变局渴求新秩序的确立，着力推进社会民生的改造，尤其强化维护社会治安，这似乎成为当时国人的共识和政府的主要职能。孰知，警察的专门化和职业化始于19世纪初的英法国家，尽管警察与国家和法律是一样古老的现象。现代意义的中国警察、警察法和警察法学始于清末民初这一特殊的亘古未有之社会大变革的历史时期，是这一社会历史条件的产物。1905年的清末中国警察始建，称巡警，1912年中华民国成立时巡警被正式命名为警察。同时，也开始出现了对警察这一法律现象专门的思考和解释即专门的警察法学这样一门学问。事实上，就近代以来的知识分类及其形态上，警察和警察法作为法学的一种具体形态和抽象概念，有其自身独特的知识体系和表现形式。也就是说，警察法，较诸多其他法律部门及相关学科，其独特之处在于更具有多元属性诸如更多的科技含量、更强烈的国家色彩、更丰富的知识要素、更浓郁的实践性及更鲜明的工具理性等。民国时期是我国警察法学研究起步及繁盛时期，当时的有识之士应政治和社会需求且基于大量的警察立法和警察教育教学，开展了有关警察教育和警察法的思考和研究工作，他们的坚忍不拔、前无古人的探索和开天辟地般的学术精神，创造性地为后世留下了大量丰富宝贵的警察法文献资料。当然，这也得力于当时欣欣向荣的知识界如商务印书馆等出版行业的知识慧眼及文化担当。这些近代早期中国警察法研究文献可谓可圈可点，如研究方法之新、涉及内容之广、运用概念之专、秉持理念之新及蕴载信息之多，在旨趣上是以新的前所未有的样式，尝试探索涉及警察的诸多法律现象，许多著述集中反映了前辈学者对所处社会、政治、经济、法律和警察法律现象的观察和思考。可以说，这是中国警察法学的重要组成部分及发展的历史基础，是当代中国警察法学发展以至于法学进步不可缺少的源头活水，一份惠及后代的极为珍贵的思想源泉与历史文化遗产。

今日之进步一定是基于昨日和前日的努力之上的。鉴于目前法学界对于近代中国警察法律及研究成果的漠视，对之研究未得到应有的重视的现状，在中国人民公安大学和商务印书馆的大力支持下，我们有选择地将民国时期具有独特研究风格和传统的代表性的警察法学经典著作进行勘校、整理且加之导读和推出，这些警察法学的先驱们如，李士珍、郑宗楷、胡福相、范扬、林振镛、李秀生、张遒平、刘垚、谈凤池及周林根等，通过他们的著述，反映了中西交汇时代中国法律人对治国理政、家国命运的独立思考，更是20世纪初中国社会急剧转型及时代潮流的缩影。他们是中西文化碰撞下的智者，是有抱负、有担当、精神自觉的精英学者，在他们孜孜不倦的努力下，建构起近代中国有模有样的警察法学范式。通过对这些著述的导读，尽可能将表达或蕴藏在这些近代著述中的规范机制、行为模式、技术方式、精神内核、政治理念及价值取向以及所处语境和社会条件得以分析和揭示，便于后人继续研究和开拓。我们以《中国近代警察法文丛》面世，旨在拯救历史，承接传统学术，延续专业学脉，惠及后人。

挖掘近代中国警察法学研究的经典文献，梳理其起源和发展脉络，首先是一个学术史的行为。这一学术行为有利于当代学者掌握警察立法及警察法研究领域的总体状况且学术上承先启后继往开来。为完善法学学科,提升我国警察学学科的理论品质,完善学科体系和促进学科发展,充实警察法学研究基础和提升其研究水平,达到推动中国当代警察法学高水平研究的目的。这一学术行为在一定程度上可谓填补了当代中国警察法学对于近代警察法学研究的空白。其次,整理、勘校和解读记载了20世纪早期风云变幻中中国警察法制及警察法学研究的著述,不仅是警察法学者和法史学者的一份心愿,更是国家意义上的学术担当及拯救历史。对此,我等后学之辈责无旁贷,愿尽其绵薄之力,凡对学术和实践能有所裨益,则感莫大之欣慰和极大之荣耀。最后认真对待民族传统和历史文化故旧,是中华民族文化传承的首要条件及知识美德。特别关系到的是文献的抢救、历史的传承、传统的接续和民族文化的光大等法律文化传承、积累,以及学术文化传播意义上的国家民族文化千秋大业的问题。

我们可以预期,即将推出的这些经过整理、勘校和解读及出版的民国时期警察法学经典著述,让尘封已久、价值难估、展现时代华章、积聚前辈智慧精华的学术成果重新面世,这不仅仅对中国警察法律史和警察法学理论的研究起到直接的推动作用,而且对于当代的警察法学研究、人类警察法律文化的进步将是一重大贡献。显然,这是一项浩大的基础性研究工程,是一具有较高的社会效益、文化意义和历史价值的学术行为,它不只是一个学术和文化传承的问题,更具有十分重要的馆藏价值,对于这一极具历史文化遗产价值的研究著述,置身于其中的我们都将竭尽全力做好这一研究工作。

在此,我们不仅要感激那些为警察法学著述付出心血和智慧的近代警察法学的先驱者们,也应当感谢当下的有识之士,特别是提供原始版本的中国人民公安大学图书馆和以基本科研业务经费专项持助力的学校科研处所做出的贡献。同时,也要感谢中国人民公安大学法学院和警察法学研究中心的各位勘校者和解读者及相关专家的支持和帮助。感谢所有在中国法治建设的历史大进程中,为推进中国警察法治的进步和警察法学的发展做出努力的同仁们。

最后,感谢读者们批评指正。

程　华

张彩凤

2017 年 4 月 26 日

凡　　例

1. "中国近代警察法文丛"多收录1949年以前法律学术体系中警察法学的重点著作，尤以部门警察法著述居多。

2. 入选著作内容、编次一仍其旧，唯各书卷首冠以作者照片、手迹等。卷末附作者学术年表和题解文章，诚邀专家学者撰写而成，意在介绍作者学术成就，著作成书背景、学术价值及版本流变等情况。

3. 入选著作率以原刊或作者修订、校阅本为底本，参校他本，正其讹误。前人引书，时有省略更改，倘不失原意，则不以原书文字改动引文；如确需校改，则出脚注说明版本依据，以"编者注"或"校者注"形式说明。

4. 作者自有其文字风格，各时代均有其语言习惯，故不按现行用法、写法及表现手法改动原文；原书专名（人名、地名、术语）及译名与今不统一者，亦不作改动。如确系作者笔误、排印舛误、数据计算与外文拼写错误等，则予径改。

5. 原书为直排繁体，均改作横排简体。其中原书无标点或仅有简单断句者，一律改为新式标点，专名号从略。

6. 原书篇后注原则上移作脚注，双行夹注改为单行夹注。文献著录则从其原貌，稍加统一。

7. 原书因年代久远而字迹模糊或纸页残缺者，据所缺字数用"□"表示；字难以确定者，则用"（下缺）"表示。

8. 入选著作外国人名保持原译名，唯便今天读者，在正文后酌附新旧译名对照表。

9. 为方便读者,凡清末、民国纪年一般均括注西历年代;原书图表繁多者,均增加附图表目录。

目　　录

自　序 …………………………………………………………… 1
凡　例 …………………………………………………………… 3

第一编　导言

第一章　何谓警察？ …………………………………………… 7
　第一节　警察之意义与我国警察之略史 …………………… 7
　第二节　警察之任务与其权限 ……………………………… 8
　第三节　警察之种类 ………………………………………… 10
第二章　何谓违警？ …………………………………………… 11
第三章　何谓违警罚法？ ……………………………………… 12
　第一节　违警罚法之定义 …………………………………… 12
　第二节　违警罚法与刑法之分际 …………………………… 13
第四章　新违警罚法之优点与特色 …………………………… 14

第二编　总则释义

第一章　法例 …………………………………………………… 19
第二章　违警责任 ……………………………………………… 25
第三章　违警罚 ………………………………………………… 33
第四章　违警罚之加减 ………………………………………… 39
第五章　处罚程序 ……………………………………………… 45
　第一节　管辖 ………………………………………………… 45

第二节　侦讯 ·································· 48
　　第三节　裁决 ·································· 52
　　第四节　执行 ·································· 56

第三编　分则释义

第一章　妨害安宁秩序之违警 ·································· 63
第二章　妨害交通之违警 ·································· 78
第三章　妨害风俗之违警 ·································· 84
第四章　妨害卫生之违警 ·································· 91
第五章　妨害公务之违警 ·································· 97
第六章　诬告伪证或湮灭证据之违警 ·································· 99
第七章　妨害他人身体财产之违警 ·································· 104

附录　修正办案须知 ·································· 109

《违警罚法》：中国警察立法的近代化典范 ······ 徐博强　张彩凤　115

自　　序

　　韩非子曰："释法术而以心治疗，尧不能正一国。"旨哉言乎！比岁法治之声浪，既洋溢于我朝野之间，继今以往，国家亿万载富强康乐之基，将惟法治焉是赖，而亘古以来，国人所称道弗衰之人治精神，殆将为时代所淘汰，无可疑也。然而法治易言哉！法治国之造成，厥有三要素：其一曰立法之善，其二曰执法之宜，其三曰守法之谨，非备此三者，无以臻于至治也。不佞读律有年，其咎取中外各国法律，参互研究，而私叹立法之尽善尽美无能如吾国者。然则国家法治之未昌，其咎不在立法，而在乎执法者与守法者，之二者不获其道，不遵其轨，则法也者，毋宁视为一纸具文焉耳。驯至如老子所谓"法令滋彰盗贼多有"之现象，非至可慨者乎？抑法令亦多矣！其与吾人一生生活息息相关者，厥惟一违警罚法是。不问何人，殆无敢自谓其一生未尝有违警之行为者，违警罚法者，消极的以管制人民之社会生活，积极的以造成优美之公民也。与其视为法令，毋宁目之为良好之公民教科书，每一公民实当持以为立身处世之圭臬，而每一警吏之宜奉为宝典，更无论已。兹编之作，所以应此双方研究时之需求也。夫诚使举国人民，由熟读与日常生活最有关系之违警罚法，进而引起其对于其他法令研求之广泛兴趣，于以造成知法畏法之精神与习惯，痛涤既往颓废散漫牟毫法律之劣性，则宪政与法令之屹然建立，庶几其有望乎。然而此微末之著述。譬诸蹄涔之水，远望其激为洪流，著者所挟至细，而所愿之奢如此，又不禁偶偶然自笑也。

本书承立法院编修周树尧君之协助，谨致谢忱。

振镛叙于中央大学松林坡下斗室之中。

三十一年十一月十九日灯下。

凡　　例

1.本书分导言,总则释义及分则释义,三编导言泛论有关警察之一般问题,以下两编各就原条文一次解释。

2.解释文笔力求浅显并尽可能举例以证明之,其间详略不一,视各条内容含义之繁简而定。

3.本书参考材料颇多,其要者为赵琛著行政法各论,俞承修著刑法总则及刑法分则释义,及首都警察厅二十四年所编警察法令纂编等,余不备录,读者宜并觅上述各书而参阅之。

4.各条之释义中,凡所依据均系现行有效之警察法令,以期翔实,惟法令繁多,疏于援引之处在所不免,如有再版可能,当增补之。

5.书末附录有"办案须知"三十一条,系二十三年首都警察厅修正颁行者,可资为一般警察处理违警事件时之参考。

6.学识浅薄,谬误恐多,读者有以教正之,幸甚!

第一编 导言

第一章　何谓警察？

第一节　警察之意义与我国警察之略史

警察者国家行政上之一种机构，用以管制人民之社会生活者也。

人类不能脱离社会生活而决然独处，故人类在社会中之行为，俱应受一定之管制，不想妨碍，借以组织成一健全之社会。管制此社会生活使纳于正轨之中者，则惟警察制度之是赖，违警察为内政中第一要政，亦各国之所同也。

我国古代，周时始行彻法，置"司虣"之职，诘奸察暴，以纠四方。历代中央及地方官制中，均有类似之机构，但对现代警察制度之采用，则始自清末，当光绪二十八年八国联军陷京师时，城内秩序大乱，外人乃在东西城设有所谓"安民公所"，招募华人，充任巡捕，管理界内治安。翌年乱平，联军退出北京，安民公所，亦随之撤销，乃由地方政府设"善后协巡营"，改称工巡局。光绪三十一年，中央始成立巡警部，嗣改为民政部，各省亦设立巡警道，省会所在地另设巡警公所，各厅州县设巡警局，此时之警察制度，乃告粗备。及民国成立后，各省巡警道改为警察厅，各县设警察事务所，民三改称县警察所，国府奠都南京后，十七年十月，内政部颁布"各级公安局编制大纲"规定各县设公安局，区设公安分局。分局之下，因必要情形，得设警察分驻所。二十三年十二月实行裁局改科办法，各县警察局裁为警佐室。二十五年七月，行政院颁布"各级警察机关编制纲要",规定各县得设警察局,受县政府之指挥监督,处理全县警察事务。不设局之县,于县政府内,设警佐一人及长警若干人,办理警务。县区域之内重要乡镇,得设警察所,分区设署地方,则于区署内,设巡官一人,长警若干人,办理警务。市之组织,则普遍应设置警察局,并得设警察分局及警察分驻所等,此我国警政组织沿革之略也。

第二节　警察之任务与其权限

警察之任务,主要在管制人民之社会生活,不使出常轨之外,已如上述。兹更本此原则以申论之:

(甲)警察之对象

警察应以社会上一般公安秩序为对象,故家庭内坐卧眠食言论等,纵有未当,若无关于社会,亦非警权之所能及。

(乙)警察之目的

警察以防止或减少人为的危害为目的。纯出自然力之危害如地震、飓风之类,非警察所能防止,故警察目的仅在防止或减少人为的危害,且尤注重于有关社会安宁之事件。

(丙)警察之手段

警察依其行政权力对人民得施以下列之手段:

(1)命令其作为　例如因公共卫生之必要,而命人民施行清洁方法。又如售卖某种物品,应先得警察之许可是。

(2)命令其不作为　例如命令禁止人民户外裸体是。

(3)强制其作为或不作为　警察除依权力得发布命令外,并须赋有强制人民作为及不作为之权力。依二十一年公布之行政执行法所规定,此项强制办法,可分为间接与直接两种。间接强制,分为代执行与执行罚。代执行者,仅能施于可代作为之事项,即受命者不肯作某事时,例如不肯修葺将圮之房屋,官署可命第三者代为之,或由官署代为之,但须向受命者征收相当费用,以给代为者。所谓执行罚者,指受命者所负之义务,系不作为之义务,例如不得随意吐痰于道路之上,或系不能代其作为之事,例如闻唱国歌而不静立致敬是,对此类事,警署得先施以预戒,倘不遵行,即课以应得之罚,即执行罚也。

所谓直接强制者,指事机急迫之时,代执行与执行罚,均不能达到警察之目的,则用实力强制义务者实现其所命之状态,例如对企图自杀者、酗酒者、疯汉及斗殴者,即可使用此种方法,强制其就范是也。

(丁)警察权之限制

警察之权力与手段,已如上述。然警权之行使,亦不宜毫无标准,故就一般原则论之,警权应受下列制限。

(1)警权行使应以防止社会之障害为限

警察目的在维持社会上一般之利益与秩序,而不在开发社会之文化,或增进社会之福利,故其职掌,自以除去社会之障害为限,即强使人民履行不扰乱社会秩序之义务也。无论作为或不作为,皆属此例。

各国警察法规,对于人民行动,除有碍于社会利益与秩序外,原则上皆认人民有广泛活动之自由,而不加以无谓之限制。换言之,人民不过负有不妨害社会秩序之一般义务而已。警察拘束人民自由,倘越过此种限度,而又无特别法规之依据,即为踰越警察权正当之界限,应受行政之处分。

(2)警权之行使不得超过维持秩序必要之程度

此段可分三点论之:第一,警权惟须于社会秩序受障害,或将立即发生危险时,始可发动,如仅稍有惹起障害可能性,而非甚大之可能性时,不能成为警察干涉之理由。欧洲学者有云:"警察不可较常人神经过敏",即斯意也。第二,警权非对于社会上一切障害,加以排除,惟以排除社会上所难忍受之障害为限,例如大工厂所发出之烟,及机械之响声,虽与社会卫生及安宁有碍,因其为不可避免之事,固不可以警权干涉之也。第三,警察排除社会上所不能容忍之障害而加人民自由之制限时,必与所欲除去之障害程度,成适当之比例乃可。故轻微之障害,仅能施以轻微之制限,例如大商店中某部贩卖不正当之药品,仅能就贩卖部分,予以停业或歇业处分,而不能令其全部营业停歇是也。

(3)个人私生活之行为,警察不行干涉　私生活享有绝对自由,非与一般社会秩序安宁或卫生有关者,警察不能干涉,私宅内之行为亦然,故警察所取缔者,大都为道路、戏院、酒馆、浴室及公共场所之类。私宅中之行为,仅限于与公共治安或风俗有关者,例如赌博是。盖私生活问题只能以道义绳之,非警权所能为力也。

第三节　警察之种类

警察之种类繁多,约分之为下列数种:

(甲)司法警察与行政警察

通常警察之任务,在以行政力量预防或禁止犯罪之发生,故谓之为行政警察。追犯罪之已发生,搜索或逮捕刑事犯之权,则属之司法警察。司法警察为法院所管辖,非普通警署之任务也。

(乙)保安警察与特别警察

行政警察有保安警察与特别警察之分。保安警察者,为保持一般社会之安宁秩序而防止危害之警察;特别警察者,对于卫生、经济等特殊行政之危害,加以防止之警察也。前者与其他行政分离,独立为一组织;后者如森林警察、铁路警察、渔业警察、矿业警察、卫生警察、经济警察、学校警察等,则附随于他种行政而存在。依现行法规定,保安警察,属于内政部管辖,而特别警察,则为其他官署所分掌。

关于保安警察与特别警察管辖上之分别,《新违警罚法》第三十四条,已有规定,兹不养。

第二章　何谓违警？

　　违警者,违反警察之作为或不作为之命令也。如上所述,一般警察赋有命令人民为某种作为,或不为某种作为之权力。基此权力所发出之命令,无论为书面的或口头的,苟在警察职权范围内,人民皆有遵守之义务,否则即为违警。此种命令,不必具有形式,苟为有碍社会秩序、安宁、卫生、风俗,或侵犯他人身体财产之行为,为有理性之人所能自觉者,其作为或不作为,即当认为违反警察之无形的命令;惟警察对此类事件,虽可予以取缔,而不尽可施以处罚,盖处罚之行为,须以违警罚法中有明文规定者为限也。又如抢劫窃盗等行为系刑事犯,警察可予拘送法院,而不能径予裁决,盖此非违警事件也。

第三章 何谓违警罚法？

第一节 违警罚法之定义

违警罚法者，行政法规之一种，用以规定人民违反警察各种禁令时之罚则与科罚之方法也。兹分析论之：

(甲)违警罚法者，行政法规之一种也。警察为一种行政机构，非司法机构，故警察法令，为行政法令之一种。警察对于人民之罚则，乃其于行政权力之行使，与司法权了无关涉，故违警事件，须与刑事有牵连者，乃移送法院以处理；其处罚与诉讼程序，乃纯依行政之法令也。

(乙)违警罚法者，警察对于人民之法令也。违警罚法之对象，为全体人民，除外国元首、使节兵舰等享有治外法权者外，在中国领土中，任何人民皆须受本法之拘束，不问其属何国籍，更无论于地位阶级矣。警察之任务，在维持社会治安，人民则为构成社会之一份子，故欲措社会于安谧，须先确定人民在社会生活中之义务，此本法之主要旨趣也。

(丙)违警罚法者，规定人民违反警察各种禁令时之罚则与科罚之方法也。人民之行为，纵有不当，非本法有明文规定，不得予以处罚。故本法之用意，在列举对于人民之各种禁令，虽未有禁令之形式，实寓禁令于罚则之中。本法之内容，规定有作为之禁令，有不作为之禁令，凡违反此禁令者，则予处罚。然处罚须有合法之方式，故分则各章仅列举罚则，总则各章则列举科罚之各种办法，例如本法之效力、用语之解释、处罚之程序与处罚之种类等项。人民之自由财产非可以随意拘罚，本法之目的，即予执法者一确定之标准也。

第二节　违警罚法与刑法之分际

违警罚法与刑法二者，初视之，似颇相类，实则其性质上有极大之区别，试撮举数点如次：

（甲）刑法为司法机关所适用，本法为行政机关所适用。

（乙）刑法科罚之对象为罪犯，本法科罚之对象为违警人，二者虽均为侵害社会或人民之法益，而其所侵害法益之轻重大小，则迥不相侔。

（丙）刑法对于罪犯得予处刑，最重者为死刑，本法对于违警人，只予处罚，其处分远较刑法为轻微。

（丁）刑法之处刑，以故意之犯罪为原则（亦有少数之例外），本法则兼指过失行为在内。有时一种行为，如有故意之要素，则为刑事犯，否则为警察犯，其例甚多。

（戊）刑法所处刑者，为已经发生危害之行为，本法所惩戒者，则为可能发生危害之行为，例如驾驶汽车不慎而伤及路人，则为刑事犯；夜不熄灯，而行车于通衢大道，则为违警犯。盖后者有成为刑事犯之可能，故先之以违警惩戒，以示预防也。

（己）刑法对于法人，每因其无犯罪能力，无处刑之例；反之，违警责任，则法人亦负。故关于法人之违警，并得施以停业或歇业之处分。

（庚）刑事诉讼之程序，极为复杂，上诉亦然，以三审为原则。本法则力求简易，以迅速了结为主。

综此数端，则两者之分野，盖可以了然矣。

第四章　新违警罚法之优点与特色

旧《违警罚法》颁布十七年，不特立法技术上之疵累甚多，抑且不能与时代精神相呼应。新法颁布于三十二年十月，则力矫此弊，较之前者，优点极多，灿然美备；且具有数种特色，为各国违警罚法中所未有者，洵为近年来法令上之一大革命，试列举之。

（甲）以优点论

（1）就体裁而言，旧法仅五十三条，新法则增为七十九条，较为详备良多。旧法仅分章而不分编，除第一章为笼统的总纲规定外，其他概为分述各种之违警罚则。新法仿刑法之体例，分总则、分则两编，纲举目张，厘然不紊。

（2）就文字技术言，旧法于修辞方面，殊未臻完善，例如第一条规定"本法如违警在本法施行后者适用之"，语意含混，且亦费解。新法仿刑法之规定于第一条改为"违警行为之处罚以行为时之法令有明文规定者为限"，则意义明朗、修辞雅洁，其他各条凡经新法所删改者，无不较前为远胜。

（3）就内容编论，旧法分"妨害秩序"与"妨害安宁"为二章，而此两章中各条文，仍有可以互用者，例如第三十五条第十一款"深夜无故喧哗者"，是为妨害安宁，而旧法列入妨害秩序一章。新法则合此二章为一，藉免有牵混之处。又旧法无处罚程序之规定，新法于管辖、侦讯、裁决、执行等，均有专节规定之。亦一优点也。

(乙)以特色论

新法特色极多,略举数点如次:

(1)确定本法之效力,采最进步之属地主义原则,以确保国家行政法权之完整(第三条及第三十三条)。

(2)确定人民不服违警处分时,有诉愿权,以为违警处分失当时之救济(第四十六、四十七条)。

(3)确定过失违警之处罚,俾人民得铲除怠忽散漫之习气(第九条)。

(4)处罚种类中增加罚役一项,以劳作代替拘留或罚锾,俾大众得共受其利益(第十八条)。

(5)确定人民有尊敬国旗国章、国父遗像及元首领袖之义务,借以养成良好之公民习惯,并以加强其对国家民族之意识(第五十八条第一、二、三、四、五各款)。

(6)确定车马行人应按左侧前进,不得拥挤争先等项(第五十条第六款及第七款),以纳新生活运动于警律之中。

(7)禁止屋内之赌博行为,以正风俗,而补刑法所未及(第六十四条第八款)。

(8)禁止虐待动物及不合人道之游艺,以养成善良仁爱之风俗(第六十四条第六款及第六十六条第六款)。

以上皆旧法所未有也。

第二编 总则释义

（以下章节均依本法原文）

总则者，揭关于适用违警罚之一般的原则也。其效力及于分则各章节。换言之，总则所规定者，均系适用分则之前提，倘不能具备总则之条件，即无适用分则之余地，故置之于篇首。

本法总则，分为法例、违警责任、违警罚、违警罚之加减及处罚程序等共五章。其编制略同刑法总则，而较为简赅。

第一章 法例

法例者,谓本法之凡例,用以规定其效力者也。法例在民法,英文译之为"Application and Interpretation",即适用与解释之谓。法例二字,由来甚久,李悝作《九经》,称为《具法》,魏称《刑法》,晋称《刑名法例》,随以后从之。我《民法》及《刑法》第一章,均先规定法例,盖所以确定本法关于时、地、人之效力也。

第一条 违警行为之处罚,以行为时之法令有明文规定者为限。

释义:本条规定本法关于时之效力,用以树立法律不溯既往及罪刑法定主义二大原则。

所谓不溯既往者(Law has no retroactive effect),即违法行为之处罚,应以行为时之法律为准是也。此原则在罗马时代,即已确立,厥后相沿未改。盖法律若听其溯及既往,则人民在行为之时,本不违法,及行为之后,新法创立,复追溯从前之行为而论罚;则人民将相率疑惧,而不知所措,必致影响社会秩序之安谧。此其不合理,固昭昭明甚,惟民法部分,偶亦有一二之例外,如女子继承权之确立,在民国十九年,而可追溯及于民国十五年之继承行为是也。惟此为民法上设定权利起见,究属极少见之例外,违警事件,关涉人民之义务问题,固无适用此例外之余地也。

所谓罪刑法定主义者,即法律无明文规定者不为罪,无犯罪则无刑罚之意也。

明文规定,即不许比附援引及类推解释之谓。民法第一条,容许法官于无明文规定时,从习惯;无习惯,则从法理。刑法则不然,盖罪刑一经判定,则被告之生命财产名誉,均遭极大损失,若任意入人以罪,则人民之生命、身体、名誉,将失其保障。违警罚法与刑法不同,而一经裁决,违警人亦有被拘留、被罚役罚钱之处分,故亦仿此例而确定罪刑法定主义以资保障。然类推解释,亦非绝不适用于违警罚。《刑法暂行律》补笺曰:"本律虽不许比附援引,究许自然解释。自然解释者,即所犯之罪,与法律正条同类,或加甚之时,则依正条解释而通用之也。同类者,例如修筑马路正条只禁牛马经过,则象与骆驼,自然在禁止之列是也。加甚者,例如正条禁止钓鱼,其文未示及禁止投网,而投网较垂钓加甚,自可援钓鱼之例以定罪是也。"此一原则,自亦可适用于违警方面,例如第五十八条第八项"人与车自行车乘坐二人不听禁止者"处罚,若乘坐三人或四人,则当然亦在处罚之列,无特警言。是以科罚虽应依明文所规定,而明文所规定者,亦容许执法者以类推方法解释之也。

  第二条 违警行为后法令有变更者,适用裁决时之法令。

  释义:本条规定违警罚法之时的效力。法律既应于施行之日发生效力,人民即应遵守新法,国家亦应适用新法;且旧法依"后法优于前法"之原则,已经失效,自尤无援用之余地。然行为时之法律与裁判时之法律相龃龉时,究竟应适用行为时之法律,抑裁判时之法律,则有待于明文之规定,此本条所由设也。

  行为时法律与裁判时法律相龃龉时,学说及立法例不一。我国明律规定:"凡律自颁降日为始,若犯在以前者,并依新律拟断。"在各国立法例中,英国亦系采从新主义者。我刑法第二条亦有同样之规定,故本法从其例。惟刑法尚有新旧法龃龉时处刑应从轻之规定。刑法第二条之但书云:"但裁判前之法律有利于行为人者,适用最有利于行为人之法律。"本法则不采此但书。盖因违警处罚,处刑既轻,时效亦甚短,行为后三个月不告诉者,即不得告发告诉(本法第六条)。故殊无加此但书之必要也。

第三条 在中华民国领域内违警者,不问国籍,均适用本法。在中华民国领域外之中华民国船舰或航空器内违警者,以在中华民国领域内违警论。

释义:本条规定关于地之效力。仿刑法之例,定立属地主义之原则。国家本有独立之主权,故其颁行之法律,在本国领域以内,自有普遍之效力。犯法者之为中国人或外国人,自所不问。明律:"凡化外人犯罪者,并依律拟断。"清律及民国暂行律同。各国立法例,亦多采属地主义,故我违警罚法亦采之。本条所称领域者,指国界以内,受本国主权支配之地域而言,上自领空,下至地层,旁及领海,均包括在内。

"领域外"者,凡不属本国领土之范围均是。不问其属于外国领域与否也。惟有二特例,为本条明文所规定者,即船舰与航空器是也。船舰可分两种:一为国用船舶,如军舰邮政船等,此种船舰,纵在他国领海以内,亦享有治外法权,仍视为本国领土之伸张。一为私船,即人民私有船舰非供国用者,如商轮是。此种船舰,在他国领海内,应受他国之法权管辖,惟在无主之公海(High Seas)中,自仍应受本国之管辖。凡此皆所谓"浮动领土"(Floating Territory),故均应作民国领域论,航空器亦同此例。

第四条 本法称以上、以下、以内者,俱连本数计算。

释义:本条揭本法若干用语之意义,以为适用之标准。

关于"以上"者,例如第十一条第一项所称"十四岁以上"是。

关于"以下"者,例如第十八条第一项所称"拘留……七日以下"是。

关于"以内"者,例如第二十条"罚锾应于裁决后三日内"是。

凡此之类,以数量计者,连本数计算,例如七日以上或七日以下,即包括七日而言。七日以内,亦包括七日而言是也(《刑法》第十条同此规定)。

此外称"满",如第十一条第二项"满七十岁人",亦包括本数"七十岁"而言。称"未满"者,如第十条第一项"未满十四岁人",则不连本数计算,皆立法中之通例也。

第五条 期间以时计者,实时起算以日计者,其初日不计时刻,以一日论,最终之日,须阅全日,以月计者从历。

释义:本条规定,关于月、日、时之计算标准。

以时计者,实时起算,例如上午十时三十分判决,处拘留六小时者,应于当日下午四时三十分释放是。

以日计者,其初日不计时刻以一日论,最终之日,须阅全日。此依《民法》第二十一条:"以日……定期间者以期间末日之终止为期间之终止"一原则而规定。例如八月二十一日上午十时开始拘留三日,应由二十一日起算至二十三日下午十二时止是也。

以月计者从历,盖每月包括之日不一,或为二十八日,或为三十日,或为三十一日,不能一概而论,故须以历定之。例如违警罚之时效为三个月,若十一月三十日之违警行为,至次年二月二十八日未经告发或告诉,即不得再告发告诉是也。

第六条 违警行为逾三个月者,不得告诉告发或侦讯。

前项期间自违警成立之日起算,但违警行为有连续或继续之状态者,自行为终了之日起算。

释义:本条规定关于违警之告诉告发或侦讯时效标准。

按《刑法》第八十条之规定,刑事追诉权之时效,最多为二十年,最少为一年,违警行为,因关涉细微,若时效过长,将使违警人常怀恐惧之观念,或其行为为时已久,早经遗忘,忽又追溯而论罚,亦非情理所宜,故仅以三个月为其时效。逾此时期,任何人不得予以告诉或告发,警局亦不得予以侦讯,其告诉告发及侦讯权,即归消灭。

然违警行为之时效,究应从何时起算?本条第二项特为明文之规定,即无连续性或继续性之违警行为,应自其行为成立之日起算。换言之,即自其行为具备分则各本条构成要件之时起算是也。反之,则应自其行为终了之日起算。

所谓"连续性之违警行为者",指以连续的违警意思,数次为同一之违警行为者而言。时间距离之久暂,违警客体之是否相同,皆非所问。例如第五十四条第一项"散布谣言是以影响公共之安宁者",若今日散布一种谣言,明日复散布一种谣言,一周以后再散布一种谣言,均足以影响公共之安宁,是即所谓连续性之违警行为。

所谓继续性之违警行为者,指数个行为构成一个违警行为而言。例如第六十七条第一项"于公共建筑物或其他游览处所任意贴涂画刻有碍观瞻者",若今日在建筑物上绘一细痕,明日就此细痕之上再加一细笔,数日后再加一细笔,最后乃完成"有碍观瞻"之违警条件,是即所谓继续性之违警行为。

此类之连续性或继续性违警行为,如最初之行为,与行为终了时之距离,超过法定告诉告发或侦讯期间(三个月)时,势将无从处罚。即未逾越法定之告诉告发或侦讯期间,然有最初之日起算,终不免有缩短期间之弊,故本条第二项但书特设例外之规定,自行为终了之日起算,如上述第一例,应自最后散布谣言之日起算其时效。第二例,应从最后绘画之日起算其时效是也。

第七条 违警之处罚,自裁决之日起,逾三个月未执行者,免予执行。

释义:本条规定违警罚执行权之消灭时效。

按《刑法》第八十四条规定,行刑权之消灭时效,最多为三十年,最少为三年,违警罚均属轻微性质,故仅以三个月为其执行时效。例如违警者经裁决处拘留之后,忽因特殊原因,如天灾兵变等未克执行,则自裁决之日起,三个月后,不得再予以执行是也。其理由同第六条第一项之释义。

第八条 本法总则于其他法令有违警之规定者,亦适用之。若其他法令有特别规定者,不在此限。

释义:本条规定本法总则于其他违警法令中有准据之效力。

违警罚法之施行,达于全国,故总则应有普遍适用之效力。盖其他法令,若一一设置总则,为详尽之规定;非仅为事实所不能,抑且繁复不便,故原则上许其适用本法,以资简便。然各个法令之制定,所以应付特殊之环境,对此特殊之环境,或另设与本法总则相反之规定,则彼此适相龃龉。若以本法总则排除其适用,自不能达立法之初衷,故设但书规定,以明示其旨。

例如本法第十条第一项规定"未满十四岁之违警行为不罚",本法第五十六条第八项规定"无故擅吹警笛者应处罚"。若有某军事机关颁布一法令谓非常时期,不得无故擅吹警笛云云,则十四岁以下之儿童,自可援照本法总则不予处罚。惟若该法令明定不问是否幼童,均予处罚云云,则自应适用该法令之规定,即所谓特别法优于普遍法是也。

第二章　违警责任

违警责任者,规定违警行为人之责任能力也。违警行为之成立,除具备分则各本条之特别要件外,当应以具备一般的要件为前提,此一般的要件,即本章规定之违警责任是也。本章并不积极规定具备如何情形应有违警责任,而纯从消极方面,规定违警责任之阻却,所谓阻却者,可分两种,一为不罚,又一则为可以减轻。

不罚或减轻责任之原因,大别有三种:一为年龄上之关系,二为基于生理上之关系,三为基于行为时之特殊情形。除具备此三种原因者外,普通人民,苟或违警,即应负其责任,毫无可疑。

第九条　违警行为不问出于故意或过失,均应处罚;但出于过失者,得减轻之。

释义:本条规定责任之一般原则。

称故意者,指行为人对于构成违警行为之事实,明知并有意使其发生之谓。

又行为人对于构成违警行为之事实预见其发生,而其发生并不违背其本意者,亦以故意论。前者为直接故意,后者为间接故意,例如明知其言语或举动之猥亵,而故意以此言语或举动,加之于异性,是为直接故意,即构成本法第六十五条第二款之违警行为。又例如意图售卖非真正之药品,而设肆于市,使前来交易之人均受其害,是为间接故意,即构成第六十九条第三款之违警为。

称过失者,谓行为人虽非故意,而按其情节,应注意并能注意,而不注意也。准是则过失之条件有三：一为应注意即有注意之义务；二为能注意，即有注意之能力；三为不注意，即怠忽是也。

前二点为第三点之前提。例如污秽供人所饮之净水（本法第七十条第一款）行为者，若明知或可能而知其水为供人所饮之净水，自应有注意之义务；而倾入污物时，复在白昼或夜间灯火光明之时，则为有注意之能力，故若此时行为者仍以污物倾入水中，纵非有意污秽其水，亦不得辞过失之处。反之，若其水外观不似净水或行为人在黑夜中不能看见，则虽倾入污物，亦不得以过失论罚。盖法律不能责人以过分的谨慎，或不可能的注意能力也。

刑法上对于刑事责任，明定以故意为原则。过失之处刑，则以有明文规定者为限，例如过失杀人、过失伤害是。否则为不罚。

（一）刑法上之处刑有关被告之生命、身体、名誉，故应从宽格主义，对于过失行为，不能概处以刑罚，以示保全宽恕之意。至违警行为之处罚，均属细微，自不能与刑法并论。

（二）违警罚法之目的在利用罚则以造成优良之市民习惯，不谨慎之行为。予以处罚对其自由及财产损失既轻，自可借之以资儆戒，故过失行为，亦在应罚之列。惟过失究与故意有别在犯意上显有不同，故仍得予以减轻。又若干罪名，有犯意则为刑事犯，无犯意则为违警犯，是亦补救刑法之所未及也。例如本法第五十七条第一款是。

第十条　下列各款之人其违警行为不罚：

一、未满十四岁人。

二、心神丧失人。

未满十四岁人违警者，得责令其法定代理人，或其他相当之人，加以管束。又无人管束，或不受管束时，得送交收养儿童处所，施以教育。

心神丧失人违警者，得责令其监护人加以管束。如无人管束，或不能管束时，得送至相当处所，施以监护或疗养。

释义：本条规定基于年龄及生理两种情形而免除违警责任之原则与办法。

未满十四岁者，指行为人自出生之日起，至行为之日止，尚未届满第十四岁生日而言。

心神丧失者，指全部无意思能力而言，例如疯子。此种情形，必须存在于行为当时，行为前后具此情形，则不能为免除责任之理由。

法定代理人者，对于未成年人，法律特为之设定一代理人，以资保护监督者也。此法定代理人，应以直系尊亲属为之，例如父母。

监护人者，对于生理上有特殊障碍之人，法律特为设定一监护之人，此监护人或为配偶，或为其他亲属，视情形而定。

未满十四岁人，年龄幼稚，对于是非善恶之辨别力，尚甚细微。心神丧失人根本无行为意思之存在，此两种人之违警行为，自应在可矜恕之列，故应予不罚。惟虽不必予以处罚，而究恐其常此启事，影响社会上之治安，故仍须责令其法定代理人或监护人予以管束，以杜后患。

十四岁以下之人无法定代理人，可予管束者，得令其他相当之人，例如其近支之尊亲属，如叔伯等，代为管束。若并此而无，或该幼童生性顽劣，不能管束，则应送入收养儿童处所，如保育院、孤儿院等，予以教育，以维社会治安，兼以救济该童，俾免失所。心神丧失人无监护人或监护人不能施以管束时，则应送入相当处所，例如疯人院、精神疗养院等处，予以医治疗养。以上两项办法，在刑法上称为保安处分，保安处分着眼在感化及预防，所以补救刑罚之穷，为近代最进步之法律制度也。

第十一条 下列各款之人其违警行为得减轻处分：

一、十四岁以上未满十八岁人。

二、满七十岁人。

三、精神耗弱或瘖哑人。

前项第一款之人，于处罚执行完毕后，得责令其法定代理人或其他相当之人,加以管束。

第一项第三款之人,于处罚执行完毕后,得责令其监护人加以管束。如无人管束,或不能管束时,得送交相当处所,施以监护或疗养。

释义:本条规定基于年龄及生理两种情形,而减轻违警责任之原则与办法。

第一项所称"得减轻"者,系在可减可不减之间而言。第一款所称十四岁以上十八岁以下之人,已受相当教育,精神之发育,知识之程度,均较十四岁以下者为高。惟以涉世未深,是非善恶,仍不能谓有完全之辨别力,故须视其实际情形,以定减轻与否之标准。

第二款所称"满七十岁人",在饱历世故一点论之,知识与经验,自较丰富。然以其年届耄期,耳目不听,感觉迟钝,其精神已臻衰退之境,故亦得减轻其处分。

第三款所称精神耗弱人,指精神上有障碍,而尚非完全丧失意思能力者而言,此种情形,必须存在于行为当时,始可减轻。若在行为前后,有此种精神障碍,仍须与常人负同一之责任。至精神障碍,为一时的或永续的,则在所不问。

同款所称瘖哑人,指聋而兼哑者而言,若二者缺一,不能援本条为减轻之理由。其是否天生聋哑,则无大关系。瘖哑人如曾受有聋哑教育,或已受相当教育而后聋哑,自可不必减轻其处分。凡此皆在警署斟酌情形,予以考虑。

以上第一三各款之人,违警者,固得减轻其处分,然于处罚执行完毕之后,仍须防其再有违警行为,故仍援第十条之办法,分别责令其法定代理人,或监护人,予以管束。而精神耗弱及瘖哑人,无人管束,或不能管束时,则应送入相当处所,施以监护或疗养。惟第二款之满七十岁人,则因其年龄已届衰老,辈分已尊,自未能强其子孙施以管束,故于处罚完毕后,即毋庸再施管束。

第十二条 对于现在不法之侵害而出于防卫自己或他人权利之行为,致违警者,不罚。但其行为过当者,得减轻或免除其处罚。

释义:本条规定基于正当防卫之违警行为的责任。

国家对于人民,向许其在不得已者,用自己力防卫侵害,即以自力制裁对方之强暴行为。此种自卫行为,学者称为正当防卫,在刑法上为不罚(《刑法》第二十三条),在民法上可不负赔偿责任(《民法》第一四九条),故本法对此,亦以不罚为原则。

然所谓防卫,乃指在紧急状态之下,不能不借自力以制裁对方,故对方之侵害行为,必须为现在的,且必须为不法的,缺此两条件之一,即不能作为正当防卫论。例如本法第七十六条第一款所称加暴行于人,第七十七条第二款所称污秽人之身体衣着。此两种违警行为,如行为者在当时确系受对方之不法侵害,非加以暴行或施以污秽,不能达到自卫之目的者,自应以正当防卫论。至其所防卫者为自己之权利,或第三者之权利,则均所不问。所谓权利者,包括身体、财产等而言。盖法律原容许人民保卫他人权利,而出之自力制裁也。但对方之侵害,若属过去的,则已失去紧急状态之条件,自不能于事后再加以暴行或污秽,以为报复,又对方若为合法之侵害,例如警吏之逮捕人犯,则被逮捕者施以抗拒,亦不能以自卫论也。正当防卫之行为,应以不罚为原则,其理由已如上述。然若其防卫行为过当者,则亦不得不酌科以处分,例如人以手殴我,而我以铁棒殴之(指未至伤害而言;若已至伤害,则为刑事罪),显为防卫之过当,若概予不罚,自失情理之平。故应酌量科以减轻,或免除其处分,是在裁判官之准情度理,详予考虑而已。

第十三条 因避免自己或他人之紧急危难,而出于不得已之行为致违警者不罚。但其行为过当者,得减轻或免除其处罚。

释义:本条规定基于紧急避难之违警行为的责任。

危难者,法益濒于危险谓也。惟限于生命、身体、自由、财产,而名誉不与焉。至危难之发生,为自然的,如暴风雨,或人为的,如失火,则皆所不问。

紧急的,现存之危难,所以别于过去及未来而言。

凡因避免现在的紧急的危难,不得已而致触犯法令者,在刑法得免罚(《刑法》三十四条),在民法得免除赔偿损失之责任(《民法》第一五〇条)。故本法亦以不罚为原则。例如第六十一条第一款规定"于公众聚集之处……争道竞行者处罚",若此争道竞行之行为,系由于紧急避难,如失火遇盗或逃避空袭,及其他非常灾变,非争道竞行不能避免身体、生命、财产等法益之损失者,则自应以不罚为原则。

惟此种避难行为,虽在不罚之列,亦不宜过当,其理由同正当防卫。例如空袭警报尚未发出,即驱车疾驶通衢,以图逃避是。此种过当之避难行为,是否得减轻或免除其处分,应由裁判官斟酌情形定夺之。

紧急避难之权利,对于负有特殊义务者,不能适用,所以重职责也。例如空袭防卫团团员,于警报发出后,驱车疾驶通衢,以图逃避,不得援本条宽免其处分是。

第十四条 凡为人力或天然力所迫,无力抗拒致违警者不罚。

释义:本条规定基于不可抗力之违警行为的责任。

凡因人力或天然力所迫无力抗拒而致违警者,自以不罚为绝对原则。本条之要件,在无力抗拒之一点,若尚可抗拒,则不得免于处分。以人力言,例如第三者以手枪相迫,令加暴行于人,应视为无力抗拒,若仅空言恫吓,则不在此限。以自然力言,例如车马夜行已燃灯火,遭暴风吹灭,无法重燃,以致违警是。若因灯火装置不良,致遭微风吹灭,则不得视为无力抗拒是。

第十五条 二人以上共同实施违警行为者,各别处罚。

帮助他人违警者,得减轻处罚。

教唆他人违警者,依其所教唆之行为处罚。

释义：本条规定违警行为之共犯的责任。

共犯之类别有三：一曰共同正犯，一曰从犯，一曰教唆犯，本条第一项所称"二人以上共同实施违警行为"，即共同正犯是也。其要件为"共同实施违警行为"，即此数人之间，不但有意思上之联络，且须有行为上之联络，缺其一项，即难认为共同正犯。例如二人共同主张并实施散布谣言（第五十四条第一款），即应负同样责任。惟责任虽同，所科之处分，仍应视各人情形而分别定之。例如其中一人为十八岁以下十四岁以上之人，得单独予以减轻是。

第一项所称"帮助他人违警者"，即从犯是也。凡帮助他人实施违警，使其易于遂行者均是。帮助指赞助之意，无论为供给违警用之器物、指示违警之方法、奖励违警之意思、消灭违警之障碍，举凡有利于违警行为之实施，而便利之行为，非分则各条构成要素之内容者，均为帮助，例如授人以笔墨，俾其涂抹第三者之房屋是，从犯之责任较轻，故处罚亦应酌予减轻。

第二项所称"教唆他人违警者"，即教唆犯之谓也。教唆即授意他人违警之谓，教唆必须出于故意，若因过失而惹起他人之违警，则不能以教唆犯论。例如在公共场所瞻仰国父遗像时，教唆他人，令其不必起立致敬是。若教唆者误认该像并非国父之遗像，则不为触犯本款，盖因其无故意之条件也。被教唆者，若为未满十四岁之人，则教唆者应单独科罚，视为间接之正犯。通常教唆犯之处分，应依其所教唆之行为罚之，例如教唆他人散布谣言者，即论以散布谣言之处分是（被教唆而实施散布谣言者之处分同）。惟若教唆之违警行为，原属细微，处分较轻，而被教唆者所为之违警行为较为重大，依法应处分较重，则教唆犯只能科以较轻之处分。

第十六条　违警未遂者不罚。

释义：本条规定违警未遂者之责任。

未遂者,指已着手于违警行为之实行而未遂者而言。其条件为已经着手于实行,若仅有其意思而未着手,则不能以未遂论。未遂行为分为三种:一为单纯的未遂行为,例如在未经官署许可地方,建筑粪厂,虽已兴工,而尚未储粪其内,应视为未遂。二为不能的未遂行为,例如售卖春药(第六十八条第四款),而事实上该药并非春药,虽有售卖春药意思,根本不能构成违警行为是。三为中止的未遂犯,例如无故毁损他人之住宅(第七十八条第一款),已着手于毁损,忽又因己意中止,并为其修复是。

凡此未遂行为,在刑法中有若干罪名,仍应认为有罪。而在违警方面,则以其关涉细微,既未生损害于人,自以不罚为宜,故概定为不罚。

第三章 违警罚

本章规定关于违警罚则之名称、种类及"换罚"之办法。

国家对于违法行为,为维持法律秩序起见,必施以制裁。制裁之目的,不仅为惩戒其违法行为,且兼以树立人民畏法心理,以防杜其再犯之可能性。科罚之轻重,应视其违警行为侵害社会或私人法益之程度而定,自无疑义。惟刑法上之处罚,大别之有生命刑、自由刑及财产刑三种。违警行为,情节较轻,自不能引以为例,故除生命刑绝对不能适用外,其自由及财产两种之科罚,亦远较刑事处分为轻,盖违警行为固不能与犯罪同论也。

第十七条 违警罚分为主罚及从罚。

释义:本条规定违警罚之种类,一曰主罚,一曰从罚。主罚为独立之罚,换言之,即得独立科处之罚是也,亦称本罚。从罚附从于主罚之科处。本法除勒令歇业之从罚外(第二十三条),其他并无单独科以从罚之规定,故无主罚则无从罚。主罚裁决之后,从罚之有无,应视案情而决定之。惟主罚已免除者,应否单科从罚,本法未有规定,以理言之,似不宜单科从罚,例如因正当防卫而免除其罚者,对防卫时所用之凶器,似不得予以没入是。

第十八条 主罚之种类如下:

一、拘留四小时以上七日以下遇有依法加重时合计不得逾十四日。

二、罚钱一元以上五十元以下遇有依法加重时合计不得逾一百元。

三、罚役二小时以上八小时以下遇有依法加重时合计不得逾十六小时。

四、申诫以言词为之。

释义：本条规定主罚之种类及其最高度与最低度。

第一款称拘留者，拘禁违警人之身体自由也。拘留之处所，在警署之拘留所内。称"四小时以上七日以下"者，依本法第四条之解释，即包括"四小时"及"七日"在内。

遇有应加重之情形，例如"累犯""习惯犯"（本法第二十七、二十八两条），即就原定之处分，酌量加重。惟加重亦不宜无所限制，故本款定为合计不得过十四日。

第二款定罚锾，即罚金之最高数与最低数及加重之最高额。

第三款所称"罚役"者，指无偿的劳动服务而言，非体力劳动之工作，例如普写之类，自不能以罚役论。罚役时间，定为二小时以上八小时以下，遇有依法加重时，不得逾十六小时。以示限制。

第四款所称申诫，为远警罚最轻微之一种。申诫应由裁判官以言词向违警者为之，其所以不宜用书面者，一以促违警人耻心之发觉，一以避免撰拟送违等手续之繁琐，且违警人或有未识字者，书面申诫，殊鲜效力之故也。

第十九条　从罚之种类如下：

一、没入。

二、勒令歇业。

三、停止营业。

释义：本条规定从罚之种类。

第一款所称"没入"，即没收之谓，应予没收之物，本法第二十二条已有规定，兹不赘；

第二款所称勒令歇业，即勒令永远停业之谓。适用于违警情节较重之商店旅馆等，分则各条另有规定，详后。

第三款所称"停止营业",即短期停业之谓,适用于违警情节较轻微之商店旅馆等。分则各条另有规定,详后。

第二十条 罚锾应于裁决后三日内完纳,逾期不完纳者,以十元易处拘留一日,未满十元者,以十元计算,或免于计算。

在罚锾应完纳期内经被罚人请求易处拘留者,得实时执行之。

易处拘留后,如欲完纳罚锾时,应将已拘留之日数扣除计算之。

释义:本条规定关于罚锾之执行与换罚方法。

第一项规定凡受罚锾之宣告者,应于裁决之日起三日内缴纳罚金。在此法定期内,警署可命处罚人,如期缴纳罚锾,毋庸予以强制;逾期不完纳者,始得改处以拘留。至其不完纳之原因为何,则概置不问。

改处拘留之计算方法,每十元改处拘留一日,未满十元者以十元计算。例如处罚十六元,得改处拘留两日,处罚二十七元,得改处拘留三日是也。惟有时其零数过小,若仍以十元计算,似予被罚人以不公允之感想,例如处罚十一元,改处拘留二日,与处罚十九元者相同,自失公允,故有"或免于计算"之规定。即如零数仅一二元,得不予以计算,例如处罚十一元或十二元者,得改处拘留一日是也。

第二项之规定,为便利被罚人起见,裁判宣告后未满三日,被罚人得自行请求改处拘留。警署对此请求,不得予以拒绝,并须实时执行。盖拘留罚较之罚锾为重,被罚人自愿舍轻就重,自必有不得已之原因在,警署自无拒绝之理由。其拘留之执行,所以不必待至三日以后者,为免被罚人之久候执行,且以期案件之早得了结也。

第三项之规定,亦为被罚人之便利起见。被罚人于改处拘留之后,拘留期未满以前,得请求仍改为缴纳罚锾。盖处罚人之不克缴纳罚金或为一时无力筹措起见,改处拘留之后,筹资有着,自应许其以剩余之拘留日数,仍以罚金折算,俾早日恢复其自由。例如原处罚锾三十元,因无力完纳,改处拘留三日,拘留已满一日之后,如被罚人请求仍罚锾,即可令其补纳二十元,予以释放是也。

第二十一条 罚役于裁决后责令违警人行之。如违抗或怠惰者,得以四小时易处拘留一日,不满四小时者,以四小时计算。

释义:本条规定罚役之执行与换罚办法。

罚役与罚锾,性质有别,罚锾须宽以时日,以便完纳;罚役一经裁决,即可执行。盖裁决之先,必已体察违警人之年龄体力,足以担任劳役,故不必有所待也。惟违警人对此处分,若有违抗或怠惰,则应改处以拘留。违抗者指故意抗令不肯担任之谓。非故意则不能谓之违抗。怠惰者,指故意稽延不服劳务,或于服役之时,惰于从事者而言,遇此等情形,自应改处拘留,以示惩罚。以罚役四小时改处拘留一日者,即惩罚之意也。不满四小时以四小时计算者,例如罚役三小时,应改处拘留一日,罚役五小时,应改处拘留二日是。此种换罚办法,因含有惩戒意味,故不妨从重。

第二十二条 没入于裁决时并宣告之。

没入之物如下:

一、供违警所用之物。

二、因违警所得之物。

前项没入之物除违禁物外,以属于违警人所有者为限。

释义:本条规定没入之宣告及没入物之种类。

没入者即没收违警人之物,系属从罚之一种。故应于裁决时,连同主罚一并宣告之。

没入物之种类,第一为供违警所用之物。所谓物,包括金钱、器具、动物等等凡可以供使用者皆属之。供违警所用之物者,例如无故鸣枪者之枪,无故携带凶器者之凶器,赌博者之赌具、赌注,售卖春药者之春药等是。第二为因违警所得之物,例如赌博者所博进之财物,擅采他人菜果花卉者所采得之菜果花卉是。除此以外,概不在没收之列,例如赌博人怀中所藏之财物,不得没收是。以上两款所规定之物,以于违警人所有者为限,非违警人所有,而为供违警所用或因违警所得者,自无予以没收之理由。例如违警人借用其他军人之枪而无故鸣放,则此枪不能予以没收是。惟此中有一例外,即违警所用或所得之物,如系违禁物,则无论属于警人与否,概应予以没收。盖违禁物之本身性质,即为触犯法令,故不问属于何人所有也。例如春药是(凶器、爆炸物及赌具一类如地方法令有明文禁止者,自亦得视为违禁物)。

第二十三条　勒令歇业得单独宣告之。

释义:本条规定勒令歇业之宣告方法。

勒令歇业,系从罚之一种,但因其处分性质较重,故得不附从于主罚,而单独宣告之。例如应加覆盖之饮食物,不加覆盖,陈列售卖(六十九条一款),若其尚未卖出,则科以歇业处分,已属甚重,原不必再予行为人以拘留或罚锾之处罚是也。

第二十四条　停止营业,于裁决时并宣告之,其期间为十日以下。

释义:本条规定停止营业之宣告方法及停业之期间。

停止营业亦从罚之一种,属于短期性质,其处分较轻,故应附从于主罚,于宣告主罚时并宣告之,不宜于裁决之后,忽又宣告停业处分。其停业期间,定为十日以下,不宜过长,所以体恤商艰也。

第二十五条　因违警行为致损坏或灭失物品者,除依法处罚外,并得酌令赔偿。

释义:本条规定违警之赔偿责任。

本条所称"损坏"者,指物品之遭毁坏至相当程度者而言。称灭失者,指物品之全然毁灭,至不复存在者而言。此种毁坏或灭失,必须确因违警行为所致,换言之,必与违警行为,有直接的或间接的因果关系。若其因果关系,并非密切,中间别有介入之原因,则不能责违警人以赔偿。例如擅入他人地界挖掘土石,应负赔偿责任,然若擅入挖掘土石之后,而园主因追逐违警人之故,忘闭其门,致窃贼入室窃去其物,则不能责违警人赔偿其所被窃之物是。

又此种损失,必须为物质上的实际损失,若精神或名誉上之损失,则不在赔偿之列。

本法所以规定于处罚之外,仍须责令赔偿者,系仿刑事案件中附带民事诉讼之原则。盖处罚虽经执行,于被害人并无实益,罚锾及没入等,均归国库所有,被害人之物资损失,将无所取偿,非所以示公允,且仅科罚,而无赔偿,则不逞之徒,或恶意的故毁他人之物品,而甘受违警之科罚,是亦不可不防,此本条所由设也。至赔偿之数额,则应由裁决官斟酌情形决定之,必要时或可委托鉴定损害物之价值,不必悉从被害人之请求。

第四章　违警罚之加减

本章规定违警罚之加重或减轻方法。依上述罪刑法定主义之原则,某种违警行为,应处以某种罚则,均须以明文规定,不能轶出分则各条所定法定罚以外,然违警人之心术不同,犯罪之情状不一,若必拘泥株守,难免有畸轻畸重之弊。故别定加减之原因,或视恶性之重轻而定,或以违警行为之情状为据,而予裁决官以考虑伸缩之余地。惟违警行为之种类不一,加减之方法,亦甚复杂,故特设本章,加以规定,用为典则。

第二十六条　二以上之违警行为分别处罚。

一行为而发生二以上之结果者,从一重处罚,其触犯同款之规定者从重处罚。

依第一项分别处罚拘留或罚役者,其拘留之执行,合计不得逾十四日,罚役之执行,不得逾十六小时。

释义:本条规定依违警行为之结果数量而科罚办法。

第一项所称"二以上之违警行为分别处罚"者,指同时发觉之数种违警行为而言。例如在公共处所任意吐痰,复任意便溺(第七十一条第一三两款),自可依本项之规定,而分别处罚,所谓分别处罚,即各就其本罚,而合并处分,例如第一种行为,应科拘留十日,第二种行为,应科拘留三日,合并应处拘留十三日是也。惟合并计算时,应依本条第三项之规定,拘留之执行合计,不得逾十四日,罚役之执行,合计不得逾十六小时,以示限制,至罚锾则不在此限,例如同时裁决有五种之违警行为,各依法应科罚锾十元得合并而科罚五十元是。若此数种之违警行为，其处罚种类各有不同，例如第一种应科拘留十日，第二种应科罚锾十元，第三种应科罚役四小时，第四种应科申诫，则可分别执行，毋庸予以合计，其有换则必要时，则可合计之。

第二项所称"一行为而发生二以上之结果"者，在刑法上称为想象的竞合犯罪，即基于一个意思之行为，而同时产生数种不同之结果是。例如以污水一盆向立在井边之人倾泼，既污其衣，复污其所饮之井中净水，是已触犯本法第七十条第一款及第七十七条第一款之违警罚，应从一重处罚，所谓从一重者，比较数种之法定罚而采取其较重者处罚之之谓也。如上举之例，第七十条依法应处三日以下拘留，第七十七条，依法应处五日以下拘留，比较轻重，应依第七十七条处罚是也。

第二项所谓"触犯同款之规定从重处罚"者，指重叠为同一之违警行为之谓，例如同时间内擅采他人花果至再至三，自难与采取一次者同科，故应予以从重处罚是也。

第二十七条 经违警处罚后三个月内，在同一管辖区域内，再有违警行为者，得加重处罚。

前项违警为第十条或第十一条之被管束人时，得处罚其法定代理人或其他受托管束之人，但以罚锾或申诫为限。

释义：本条规定累犯之处罚方法。

累犯者，于处罚之后，再有违警行为之谓也。以其恶性较深，无悔改之心理，故得予以加重处罚，惟累犯须具有时间与空间两个条件。时间条件者，即须于违警罚后三个月内，复为违警行为，若已逾三个月，则前次惩罚之可能的惩戒性已过，自不得再目为不知改而科以加重之罚。盖法律之施人以惩戒，只能希望其在一定时间内，促发其戒惧之心理，不能希望其永久知所戒惧也。第二为空间之条件即第二次之违警行为，必须与前次事件发生于同一之管辖区是也。此所谓管辖区域，系指同一警署管辖权所及之处,盖前后两案发生于同一管辖区,检案即知,稽查较易,可省行文重询各处之纷扰与繁琐也。又此项累犯之违警行为,原不必属于同一种类,只须再度独犯警律,无论何条,均属一例。

第二项之规定,系对于负有管束违警人义务而不尽职者之惩罚。依第十条之规定,未满十四岁人及心神丧失人之行为不罚,第十一条规定十四岁以上十八岁以下之人,及心神耗弱或瘖哑人之行为,得予减轻处罚,均应责令其法定代理人、监护人或其他相当之人,予以管束。故若于三个月内,在同一警权管辖区域,该违警人复有违警行为发生,该负有管束责任之人,自难辞其咎戾,故除第十条所定之两种违警人,仍予不罚处分,第十一条规定之两种违警人,仍得予以减轻处罚外,其管束人亦应予惩罚,乃足以示儆戒,惟违警行为,既系出自他人,则管束人之惩罚,自不宜施以自由之拘禁,且恐拘留代理人期间,违警人复失其管束而肇事,故规定以罚锾或申诫为限。

第二十八条　因游荡或懒惰而有违警行为之习惯者,得加重处罚,并得于执行完毕后,送交相当处所,施以矫正,或令其学习生活技能。

释义:本条规定对于习惯犯之处分办法。

此处所谓习惯犯,系指有违警行为之习惯,难望处罚可以矫正,而其起因则由于游惰或懒惰之故者而言。例如本法第六十四条第一款所规定之游荡无赖,第二款所规定之流丐强索财物,此类之违警人,均系无正常之职业,游手好闲,怠于工作者,故对于违警行为,几认为常业而习为之,是为社会中之蠹虫,一经处罚执行完毕,难保其不故态复萌,贻患无穷。故本条除特定习惯违警者予加重之处分外,并规定应送入相当处所,施以矫正,或令其学习生活技能,所谓相当处所,例如地方所设之感化院及各级学校之类,学习生活技能之处所,则为各种游民习艺所或其他工厂之类,俾其获有一技之长,得以职业拘束其身心,亦社会上保安政策之一种也。

第二十九条　违警人于其行为未被发觉以前自首者,减轻或免除其处罚。

释义:本条规定违警自首者之处分办法。

自首者,对于未发觉之违警行为,自为申告而受裁判之谓也。其条件须为未发觉这违警行为,若在违警行为已经发觉之后,而自述其行为之经过,则为自白,而非自首。至所谓未发觉之行为,不问违警行为未经发觉,抑行为已经发觉而违警人未经官司署侦知,均属之。例如甲于毁人住宅标志后,未经告诉或告发,或虽经告诉或告发,而不知系甲所为,而向警署自行申告是。

对于未发觉之违警行为而为自首。须亲自投到警署听受裁判,至自为申告或遣人代告,以言词申告,或以书面申告,均非所问。惟一条件,即必须亲自受裁判耳。若申告之后,即行畏罚违警,即不能以自首论矣!

自首行为,一方面足征违警人已有悔过迁善之意向,一方面并可省警署侦查传讯之劳费,更可免无辜者或因而受诬,故得斟酌其案情,予以减轻或免除其处罚。以示矜恕。

第三十条　违警之情节可悯恕者,得减轻或免除其处罚,依法令加重或减轻者,仍得依前项之规定减轻其处罚。

释义:本条规定违警罚得因情节而酌量科处之原则。

违警行为触犯本法分则各条之规定者,固应依法处罚,然违警者之心理上之动机,及其他情形,常有迥不相侔者,故科罚时,尚应酌量违警行为之情节,如其确系可以悯恕,则可酌量减轻或免除其处分,此所谓情节者,其标准依《刑法》第五十七条之规定,应为下列各点:

(一)违警之动机　例如错误或过失之非重大者。

(二)违警之目的　例如违警所得之物,系用以作慈善事业者。

(三)违警时所受之刺激　例如因遭侮辱施对方以报复,致触警律者。

（四）违警之手段　例如以铅笔涂抹他人墙壁与以粪便污损他人墙壁者,显有不同是。

（五）违警人之生活状况　例如以货物强卖他人,确系由于贫穷所致者是。

（六）违警人之品行　例如素行优良与素行恶劣之违警人,其行为习惯,显有不同是。

（七）违警人之智识程度　例如乡愚茫不知法令者是。

（八）违警人与被害人平日之关系　例如违警人素受被害人之虐待致加以暴行以为报复是。

（九）违警所生之危险或损害　例如擅折他人竹木损害极微,与采伐巨树情节迥异是。

（十）违警后之态度　例如违警被发觉后惶恐不安深知悔悟者是。

凡此皆当在裁决官审度考虑之列而后处罚也。

第二项规定对此类违警罚之灭轻方法,凡依法应加重其处罚者,仍得因其情节之可悯恕依加重后之处罚而减轻之,其有依法本应减轻之处罚,亦得因情节之可悯恕,而再度减轻之。例如原应处拘留日,因习惯犯故增为六日,复因其情节可悯再减轻为四日。又如原处拘留四日,因年老减为二日,复因情节可悯再减为一日是。

第三十一条　违警罚之加减标准如下：

一、拘留或罚锾之加减,得至本罚之二分之一。

二、因罚之加减致拘留不满四小时罚锾不满一元之零数者,其零数不算入。

三、因罚之减轻,致拘留不满四小时,罚锾不满一元者,易处申诫或免除之。

释义：本条规定违警罚之加减标准。

第一款确定加重及减轻之程度，最多不得超于本罚之二分之一。例如应处拘留十日者加重不得过十五日，减轻不得少于五日，应处罚锾十元者，加重不得过十五元，减轻不得少于五元是。

第二款之规定系为计算时之便利起见，盖拘留或罚锾，一加或再加，一减或再减而至发生细微之零数时，其零数自以不算入为是，所以便执行而省繁琐也。例如判处拘留五日者，一减为二日半，再减即为一日零二小时半，此二小时半即应不算入。判处罚锾六元者，一减至三元，再减为一元五角，此五角之零数应不算入是也。加重时之标准，亦同此例。

第三款之规定，系为轻罚之减免，盖罚已来轻至拘留不满四小时，罚锾不满一元，则其数目细征已甚，自可易处申诫，或径予免除其罚，以节执行之繁琐也。

第五章　处罚程序

本章规定违警之诉讼法，违警之处罚程序，虽与刑事诉讼法略有相同，而其中有一最重要之原则，即简易主义是也。刑事诉讼，由起诉至执行，须经极繁碎之手续，本法则异是，盖违警事件，多属细微，人口稠密之都市中，每日发生之违警案，有多至数千起者，若必一一仿照刑事之诉讼法办理，匪特靡费之浩繁，抑且人力所不逮。故本法由侦讯至执行，一本之简易主义，例如第三十八条所规定违警嫌疑人逾期不到案者，得径行裁决之，第四十一条规定事实已明得不经侦讯径行裁决，皆所以避免手续之繁琐，而期案件之早获了结也。惟其中有数点，于简易之中，仍寓缜密之意，例如裁决应作裁决书，不服裁决者得提诉愿，有传唤证人之必要者，应传唤之，皆是。本章共分四节，一管辖，二侦讯，三裁决，四执行。

第一节　管辖

管辖者，确定违警事件之归属出。违警事件，固应由当地警署予以处理，然警署之分布不一，违警事件发生之地点亦不一，管辖不确定，则裁决之效力，将致发生问题，故特设本节以规定之。

第三十二条　下例各级警察官署就该管区域内有违警事件管辖权：
一、警察局及其分局。
二、未设警察局之地方，由地方政府行使违警处罚权。

三、区警察所。

在地域辽阔、交通不便地方，得由警察分驻所，代行违警处罚权。

释义：本条规定一般违警案件之管辖。

依第二十五年七月行政院颁布之"各级警察机关编制纲要"规定：各县得设警察局，受县政府之指挥、监督，处理全县警察事务，不设局之县，县政府内，设警佐一人及合格长警若干人，办理警察事务，县区域内之重要乡镇，得设警察所，处理各该区域内警察事务。

"新县制组织纲要"第二十七条亦规定："区署所在地得设警察所受区长之指挥，执行地方警察任务。"

"县警察机关组织暂行规程"第十三条亦规定："县警察局，得就管辖区域内酌设警察所，警察分驻所及警察派出所，以所长巡官长警分负各该管辖职务。"

市组织法内亦有市设警察局及警察分局之规定。

依上所述，县市警察组织可分为警察局、警察分局、警察分驻所及警察派出所四级。

本条第一款规定，违警案件原则上应属当地之警察局或警察分局管辖，案情较重大者，应转送警察局处理，其细微事件，可就近由分局处理之。

第三款之规定为未有警局地方而设，违警事件应由地方政府管辖，所谓地方政府，即地方行政官署是也。违警案件，本属行政范围，而非司法范围，故行政官署得以处理之，如县政府是。县政府中原设有警佐，办理违警事务，自可依法执行职权。

第三款规定区之违警管辖权，由区警察所行之，地方辽阔、交通不便地方，则由警察分驻所处理之。凡此皆所以为处理之便利起见，盖违警事件本属细微，若必拘送违警人远行数十百里之路，以就讯于警局，殊非情理所宜也。

第三十三条 在中国领域外之中华民国船舰或航空器内违警者,除法律别有规定外,得由违警后最初停泊之中华民国地方警察官署管辖。

释义:本条规定"浮动领土"中违警案件之管辖权。

本国船舰或航空器之驶离本国领海、领空者,谓之浮动领土,已见本法第十二条之释义,凡此类之船舰或航空器,在公海或公空中驶行之际,发生违警事件,自应归本国管辖(如系商航在他国领海中违警者,应由该国管辖,此国际法之通例),惟船未停泊,则警局无从处理,船长不能代行警权,故本条规定得于违警后最初停泊之中华民国地方警察官署管理,若违警后停泊地点,并非中国地方,自无从行其管辖权,若违警后第一次停泊非中国地方,第二次停泊或第三次以上之停泊地点为中国地方,仍应归属该地方中国警署管辖。惟有时法律对此别有规定时,例如基于条约系则依特别法优于普通法之成例,本条自应失其效力,故特增加"除法律别有规定者外"一句,以为适用之标准。

第三十四条 设有特种警察官署及普通警察官署之地方,关于违警事件,除依法应由特种警察官署处理者外,均由普通警察官署管辖。

释义:本条规定普通与特种警察管辖权上之分际。

所谓普通警察官署即一般县或市所设之保安警察及其附属机构是,所谓特种警察,则种类繁多,以地域区别者有学校警察、矿区警察、森林区警察、渔业区警察等。以工作性质区别者有卫生警察、经济警察、司法警察等,不遑枚举。违警事件通常应由普通警察署处理,至于特殊事件,为法令所规定,而当地复设有此类特种之警察者,自应归属特种警署之管辖,俾职责分明,权限厘清,此本条所由设也。

第三十五条 违警事件与刑事案件相牵连者,应即移送该管法院,但就刑事案件为不起诉之处分,或为免诉不受理,或无罪之判决者,其违警部分,如未逾三个月,仍得依本法处罚。

军人违警者,由所在地宪兵机关管辖,无宪兵机关时,由普通警察

官署管辖。

释义：本条规定违警事件与刑事案件牵连时之管辖权及军人违警之管辖问题。

违警事件与刑事案件之区别，已详本书导言中，兹不复赘。但违警事件与刑事案件相牵连时，管辖权必须加以确定，以免纷歧，例如本法第七十二条第三款所规定损坏官署文告若非意图侮辱，则为违警行为，若系意图侮辱，则为触犯《刑法》第一四一条之妨害公务罪。又如本法第五十七条第一款之规定，亵渎国旗、国章、国父遗像而非故意者，为违警行为，如系故意，则为独犯《刑法》第一六〇条之罪。又如某甲始之以猥亵之言语，加之异性（本法六十五条二款），继之公然予对方以侮辱（《刑法》三〇九条），遇此类相牵连之案件，或不能确定其为违警或犯罪时，应即多移送该管法院侦查，如认其有犯罪嫌疑时，则揆之轻罪可吸收于重罪之成例，违警部分，自可置之不论，惟若法院侦查结果，认为嫌疑不足，不予起诉，或因其他原因免诉或不受理（《刑事诉讼法》第二百九十四条及第二百九十五条），或审讯结果为无罪之判决，此时刑事部分，业已撤销，自应再就违警部分，予以处罚，惟若其期间已过三个月，则依本法第六条之规定，违警处罚已失时效，自不得再予侦讯。

违警人如为军人时，应由宪兵机关管辖，此通例也。盖军人有特殊身份，应受军法之制裁，非普通法律所得而处理，此本条第二项所由设也。惟军人散布各地，当地未必皆有宪兵机关之驻留，则为处理便利起见，未有宪兵设备之处，自不必移送远地，仍由普通警察官署管辖，以资简捷。

第二节　侦讯

侦讯者，处理违警事件之第一步手续也。所谓"侦讯"，盖包括侦查与审讯两项而言。违警事件之处理，虽采简易主义，而处理经过，仍须有详密之手续，先之以侦查审讯，次之为裁决，然后付之执行，未容有所欠缺也。

第三十六条 警察官署，依下例各款原因，知有违警嫌疑人，应即从事侦讯：

一、经警官长警发现者。

二、经人民告诉或告发者。

三、经违警人自首者。

前项告诉告发或自首向警察官署或警官长警为之。

释义：本条规定侦讯之法定原因。

侦讯之始必须有所根据，毫无原因或理由，不能随意对人民施以传唤，故必依各种原因，知某人有违警嫌疑，乃可从事于侦讯。

第一经警官或长警所自动发现者，其由于警士之报告或由于自身之觉察均同一例。

第二经人民告诉或告发者，告诉指被害人之自行投诉而言，告发则任何人均得为之。刑事诉讼法对于若干案件（例如重婚和奸），有告诉乃论之例，本法则不采之，凡属违警事件，任何人均得报告。

第三经违警人自首者，自首之定义见本法第二十九条释义，兹不赘。

以上告诉告发或自首，必须向警察官署或警官长警为之，若向其他之机关或人民告诉告发或自首，是为缺少合法条件，是为不负责之报告，自难认为侦讯根据。

第三十七条 违警事件之侦讯由有侦讯权能之警察官于警察官署内行之，但必要时，得于违警地为之。

释义：本条规定侦讯之人与侦讯之地点。

违警事件之侦讯，必须依法赋有侦讯职权之警官始得为之，通常应由局中司法科长或巡官担任。

侦讯之地点，应以在警署内为原则。盖警署为壮严之地，有纪录人员，有其他侦讯上之设备故也。惟于必要之时，为勘验或侦查传唤之便利起见，亦得于违警地为之，除警署及违警地以外其他地点，概不得施行侦讯，以杜流弊。

第三十八条　警察官署传唤违警嫌疑人，应用通知单，载明日期时间，令其到案，逾期不到案者，得径行裁决之。

释义：本条规定传唤之手续及传唤不到之办法。

警署对于违警嫌疑人之传唤，应以书面为之，盖为保障人民之自由起见，不得率由警士以口头向嫌疑人施以传唤，恐或有伪造及诈欺讹索之情事也。书面传唤，应用通知单，通知单之格式应划一定之。除注明被传唤人之姓名外，应加盖警署之印章，并须确定传唤日期及时间，俾其准时到案。

违警嫌疑人，不依规定之时间到案者，或出故意，或因特殊原因（例如疾病或公出），警署得径行对本案予以裁决，毋庸再施以第二次之传唤或拘提，藉以节省手续，此即司法案件，所谓缺席判决是也。惟如嫌疑人确有不得已之原因，须缓期到案，经申述理由认为充分者，应否再规定一到案日期，则本法尚无明文规定，自应由警署准情酌理定夺之。

第三十九条　对于现行违警人，警官长警得径行传唤之，不服传唤者，得强制其到案，但确悉其姓名、住址，无逃亡之虞者，得依前条之规定办理。

释义：本条规定对于"现行犯"之处理方法。

第三十八条所规定之书面传唤手续，系指普通之违警嫌疑人而言。若现行之违警人，自不在此限。所谓现行违警人，即指于违警时当场被发觉者而言。其情形有三：一为发觉之时违警人正在继续实施其违警行为者，二为实施违警行为时，即时被发觉者，三为被追呼为违警人者，四为因持有凶器或其对象，或于身体、衣服等处，露有违警痕迹，显可疑其为违警人者。具备上述四种情形之一者,均得认为现行违警人,对于现行违警人,原则上自可即时予以传唤,毋庸签具书面之通知单,所以资简捷兼防其逃脱也。

现行违警人,被即时传唤,而抗不服从者,其情节自甚可恶,为贯彻法令起见,自得强制其到案,所谓强制者,即予以身体之拘送是也。惟亦不得逾越必要之程度,例如加以伤害是。但违警事件,究与刑事案件有别,前项所称强制到案之办法,原为防其逃避起见,故若确悉该现行违警人之姓名住址,且确知其无逃亡之虞者,即可免予强制,以防或因而发生意外之事,仍照第三十八条之书面通知为之。

第四十条　证人之传唤准用第三十八条之规定。

证人不得无故拒绝到场,其有正当理由不能到场者,得以书面代替证言。

释义:本条规定证人之传唤及作证方法。

违警事件之侦讯,虽以简易为原则,但对疑似之事实,非传讯证人不能明了时,仍应传讯证人,以昭慎密。惟证人并非当事之人,其作证乃纯尽义务,故无论司法或行政案件,对证人之待遇,均本宽大,是以本条规定,对于证人之传唤,仍准用第三十八条之规定,即只能以书面向其通知,令其准时到案,如届时不到案,即可径行酌情裁决该案,毋庸再度传唤,更无强制证人到案之必要也。

第二项之规定系为确定证人义务而设。无论何人,对于官署命其作证之传唤,皆有出席之义务,非有正当理由,不能无故拒绝,法令对于证人不出席者,虽无制裁之规定(刑法例外),要之义务所在,亦不容蔑视,故设本项以明定之。惟证人如因故不能出席,或不愿出席,亦可以书面代替证言,所以资其便利,在证人不过稍费书写之劳。可免跋踄之费事,而官司署亦得据以定案,两俱便利,其效力与出席作证相同。至于书面作证之格式如何,则不必为之划一规定,惟有一当然之要件,必须亲自签字盖章耳。

第四十一条 事实已明无调查必要之违警事件,得不经侦讯,径得裁决,但其处罚,以罚锾或申诫为限。

释义:本条规定违警事件之简易处理程序。

我民诉法及刑诉法中,均有简易程序之规定(《民事诉讼法》第二编第二章,《刑事诉讼法》第七编),目的在减免诉讼之繁琐手续,故本法亦仍此原则,确定一简易程序。

警署对于违警事件,如认事实已明,无调查必要,即可径行裁决,毋庸经过侦讯传唤等之手续,以期迅速得以了结。惟此种简易程序,其处罚必以罚锾或申诫为限,盖若情节较重大,违警人有处以拘留或罚役之可能者,则有关其身体之自由与名誉,自应予以申辩之机会。以示慎重及保障人民身体自由之意,故不经侦讯而裁决之事件,必限于极轻微之处分,且事实已十分明朗者,否则即为非法。

第三节 裁决

本节规定违警事件。最后判决之方法,其所以不曰而曰裁决者,所以别于民刑事诉讼而言也。

第四十二条 违警事件于侦讯后,即时裁决,作成裁决书并宣告之。

前项裁决书应载明下列事项:

一、违警人之姓名、年龄、籍贯、性别、住址、职业。

二、违警之行为及其时间、处所。

三、处罚之种类及其期间、数额。

四、处罚之简要理由。

五、裁决之官署及年、月、日。

六、裁决警察官之姓名印章。

前项规定于未经侦讯而为之裁决准用之。

释义:本条规定裁决书之宣告时期及其格式。

裁决须以书面为之,不得仅以口头裁决,一所以备案存审,一所以使被裁决人得以确切明了其处罚之原因,并为其不服裁决时,提起诉愿之根据也。

裁决书须于侦讯后,即时作成,所以节省无谓之稽延也。侦讯结果如事实已经明了,裁决官应即时决定其处罚之种类、期间或数额,填入裁决书内,即时宣告,俾免被裁决者之守候时间,盖手续即属简单,殊无稽延之必要也。

裁决书之格式,应以划一为宜,其内容应依本法第二项所规定,以详细为原则,不得遗漏任何一项,此项裁决书之格式,自以预先印就为宜。

第二项第四款所称之"简明理由"须就违警行为之性质,依其事实或证据而判定其系独犯违警罚法分则某条之规定,其有应加重或减轻者,亦应注明于本项中。

第三项规定:未经侦讯径行裁决之违警事件,仍应作成裁决书宣告之者,盖不经侦讯,系为事实已时,无侦讯之必要起见,而裁决书之制作,乃所以存案备查,并为被裁决人之诉愿根据,自不得因侦讯手续之节略,而免去裁决书之手续也。

第四十三条 违警事件有继续调查必要,不能即时裁决者,得令违警嫌疑人觅取保人,听候裁决,但确知其住址,无逃亡之虞者,免其取保。

不知住址而不能觅取保人者,得暂予留置,但不得逾二十四小时。

释义:本条规定不能即时裁决之违警事件处理方法。

违警事件之处理,应以简捷为原则,已如上述。然遇有情形较复杂,非经继续调查,不能决定责任,则当延期予以裁决。期达毋枉毋纵之目的。故遇此类情形时,违警嫌疑人,应责令取保暂释,随传随到。至取保之方式,应取具殷实之铺保,抑应由有相当职业之人作保,则本条文明文规定,应由警署准酌案情而定夺之。如违警行为所致之损害情形重大,须偿付被害人以巨额之赔款时,似应以取具殷实铺保为宜,以防其逃避。惟若违警嫌疑人,确有住址,且有财产或职业,足以相信无逃亡之可能者,自得免予取保,盖违警处分究非重大,人未必愿因此而放弃其财产职业,而迁徙逃避也。本条第二项之规定,系为无住址而又不能取保之违警嫌疑人而设。遇此情形,自应暂予留置,以俟裁决,所谓留置,非拘留之谓,拘留必于拘留所为之,且须遵守拘留所之一切规则,若留置处分,则仅施以监视而已。留置地方,以在警署为宜,除施以监视外,不得对其身体有任何之拘束,且留置时间,亦不宜过久,以省拖累。本项特规定为二十四小时,即自留置之时起算,满二十四小时后,必须予以裁决,否则为非法之拘留。

第四十四条 裁决书应于宣告后,当场交付违警人。

释义:本条规定裁决书之交付时间。

违警事件由侦讯终结,以至宣告裁决,其间原有从容之时间,可以作成简单之裁决书,故裁决书必须于宣告后当场交付违警人,俾其不服裁决时,可依而提起诉愿,而执行违警罚时,亦得依据此裁决书之内容办理,不容有所稽延也。

第四十五条 不经侦讯径行裁决之事件,应将裁决书于二十四小时内,送达于违警人。

释义:本条规定未经侦讯之事件裁决书送达时间。

未经侦讯径行裁决之事件,其原因有二:一为违警人经传唤后逾期不到案者(本法第三十八条),一为事实已明无调查之必要者(本法第四十一条)。此类事件,第一点因违警人裁决时未在场,无从交付裁决书,第二点因违警事件之发觉以至裁决时间甚短,裁决书或尚不及制就,故应延期送达,惟送达时间,亦应不出二十四小时以外,从裁决之时起算,俾得早获了结,否则迁延过久,恐违警人或已迁徙他处,则无从执行矣。

第四十六条 不服警察官署关于违警事件之裁决者,得于接到裁决书后翌日起五日内,向其上级官署提起诉愿。

前项诉愿未经决定前,原裁决应停止执行。

释义:本条规定违警人于不服裁决时之救济方法。

警署对于违警事件之裁决,自难免有违法或不当之处,遇此情形,自应予违警人以申请救济之机会,救济方法,即提起诉愿是也。犹之司法案件之上诉也。行政部分,则谓之诉愿。诉愿者,人民因违法或不当之行政处分,致其权利或利益受损害时,得请求原处分机关之上级官署,以行政上程序,审查该处分,并为一定决定之谓也。国府于十九年颁布有《诉愿法》,二十一年颁布《行政诉讼法》等,以为行政救济之根据。其中规定救济之手续甚详,惟须注意者,违警事件之裁决,虽亦属行政处分之一种,而诉愿之提出手续及办法,则与诉愿法所规定者,不尽相同,盖彼为一般行政机关之处分而设,其事件较少,故救济之手续较为繁密,此则因违警事件发生之数量过多,未容一一比照办理,故仍以简易为主也(参看《诉愿法》及范扬著《行政法总论》第六章)。

本条第一项规定违警人不服裁决者,得于接到裁决书后翌日起五日内,向其上级官署提起诉愿。此中要点有三,第一须于接到裁决书后,盖未接到裁决书,则案情尚未明了,且未有诉愿之书面证据也。第二须于翌日起五日内提起诉愿(《诉愿法》原规定为三十日),如逾五日,即为放弃其诉愿权,上级机关得不予受理。第三须向其上级官署为之,所谓上级官署者,指原处分警署之直接上级机关而言,例如处分者为警察分驻所,直接上级机关应为警察分局,无分局者则为警察局,处分机关为分局者,直接上级机关为警察局,警察局之上级机关为市政府或县政府,依该地方之政府组织法决定之,其越级诉愿者,自得不予受理。

本条第二项规定,诉愿未决定前,原裁决处分应停止执行,此亦与普通诉愿有别,普通之诉愿未决定前,原处分仍属继续有效,违警事件,所以为例外者,盖因违警罚之时间较短,如拘留罚役等,均不过数日,若于诉愿继续进行时期内,仍执行其原处分,则诉愿结果,一经决定撤销其原处分时,拘留或罚役,必已满期,势将无法补救也。

依诉愿法之规定,诉愿书中,应载明下列各项:(一)诉愿人之姓名、年龄、性别、籍贯、职业、住所,如系法人,其名称及代表人之姓名、年龄、性别。(二)原处分或决定之官署。(三)诉愿之事实及理由。(四)证据。(五)受理诉讼愿之官署。(六)年、月、日(参照二十三年国府令饬行政院颁发之诉愿书格式及说明)。

第四十七条 受理前条诉愿之官署,应于收受诉愿书之翌日起十五日内决定之。对于前项决定,不能提起再诉愿。

释义:本条规定诉愿决定之时期与其效力。

受理诉愿之官署,对于诉愿之决定,必须限以一定时期,否则稽延过久,事件悬而不决,殊非所宜,故特定为十五日。诉愿之处理,应以书面审核为原则,毋庸传唤辩论,以节劳费。一经决定,即应制成诉愿决定书,载明主文事实及理由,或撤销原处分,或驳回该诉愿,或令原处分机关酌予更正,视案情而定,此项决定书,应立即送达诉愿人及原处分官署(《诉愿法》第十条),违警事件之诉愿,应以一次为限,诉愿一经决定,即不得提再诉愿,此亦与普通行政诉愿有别(普通行政诉愿得提再诉愿,并得于最后提出行政诉讼于行政法院),盖所以杜事件之拖延不结也。惟受理诉愿之官署,如不于十五日内决定,则诉愿人是否别无救济办法,则本法并无规定,尚属疑问耳。

第四节 执行

执行者,即就违警罚裁决之内容,使之实现之谓也。违警事件,一经裁决,除违警人声明不服,提起诉愿者外,均应即付执行,然执行之手续及方法,则必须予以缜密之规定,俾执行者有所依据,而违警人亦免遭非法之待遇,此本节所由设也。

第四十八条 违警处罚,除第二十条第一项前段及第四十六条第二项之规定外,应于交付裁决书后,即时执行之。

释义:本条规定执行之时期。

违警罚一经裁决,除第二十条第一项前段,即罚锾得于裁决后三日内完纳,及第四十六条第二项,即诉愿期间停止执行者外,其他处分,未经违警人声明将提诉愿者,均应即时执行,无再加延缓研究之余地,俾事件可早获了结。

第四十九条 拘留于裁决后在拘留所内执行之。

拘留所管理规则,由内政部定之。

释义:本条规定拘留之地点及其规则。

拘留必须于拘留所内执行者,盖违警拘留之性质,系属一种惩罚,而又与司法案件之徒刑不同,因其为惩罚,故须予相当管束,因其与徒刑不同,故不得绳以监狱方式,此本条之所由设也。通常每一警署,须设置一拘留所,以便执行,至拘留所之设备及规则等,则须遵照内政部之规定,以资划一,不得率由己意,予以过宽大之优待,或过严苛之虐待也。

兹将二十一年十月内政部公布之"拘留所规则",撮举要点如次:

(一)拘留所对男犯、女犯及未送审判之刑事犯,应隔别管理之。

(二)拘留所房舍须设备整洁、空气流通、地势干燥,每间纵横以十尺为度。收容(每间)不得过四人,并应酌置病室。

(三)拘留所管理员警,对人犯不得需索或虐待,被拘留人有所请求,应迅为转达。

(四)拘留所设主任一人,督率员警管理全所事务,并应设女看守,看守女犯。

（五）拘留所应置各种表册，如检查簿、看守报告书、被拘留人名籍簿、财物收发保管簿、接见簿、疾病医治死亡簿、惩罚簿及拘留人数日报簿等。

（六）拘留所非奉主管长官（如司法科长）之命令，不得拘留或释放人犯。

（七）被拘留人请求携带子女未满四岁者，得许可之。

（八）被拘留人之床铺、被褥及饮食等，均由所中代备，欲自备者，得许可之，惟须加以检查，发受书信，亦须经检查。

（九）被拘留人接见来客，须得主管长官许可，如案情重大或来客形迹可疑，警署得拒绝之。

（十）被拘留人不得有吸烟、饮酒、喧哗、随意吐唾、口角纷争及其他妨害秩序举动，如有违反，得予以下列惩罚：(1)训斥，(2)独居暗室一日至二日。

（十一）被拘留人如有逃亡、暴行或有自杀之虞时，得加派员警，严密防范。

（十二）被拘留人须按时令其沐浴运动，患病须为延医诊治，不能支付医费者，由警署代付之，所患之病重大者，得暂行取保出所医治。

（十三）遇有灾变，应送他处羁押，在所内死亡者，应详记原因，通知其亲属，并报请法院派员检验，一面作成死亡报告书，呈转内政部审核，遗骸如无亲故认领，得标明姓名，代为棺殓埋葬之。

第五十条　拘留以时计者，期满释放，以日计者，于期满之翌日午前释放之。

释义：本条规定释放被扣留人之时间。

拘留以时计者，应自送入拘留所之时起算，期满即予释放，不论其为白昼或深夜。以日计者，则依本法第五条之规定，初日以一日论，最终之日，须阅全日，故须算至该日下午十二时止为满期，逾此十二时即为翌日之上午,在此一上午之期间,无论何时,均可予以释放,不得超过翌日之中午十二时。例如裁决拘留两日,执行时间为二十五日下午三时,其初日应作一日论至二十六日下午十二时即为满期,于二十七日中午十二时以前,应予释放是。

第五十一条　罚锾之执行,应于罚锾缴纳单内贴缴同额之违警印纸。

前项罚锾缴纳单之式样及违警印纸规则,由内政部定之。罚锾及没入之物,归入国库。

释义:本条规定罚锾之执行方法及没入物之处置。

警署于收受罚锾之时,必须使用预先印就之罚锾缴纳单,贴用同额之违警印纸,例如罚锾十元,应贴印纸十元是,依法定办法加盖印章,以资核销,否则此项收受,即为非法,盖无从根据以报销,上级官署亦无从加以查考也。此项办法目的在防杜罚锾中饱之弊端,其规则式样,自应由内政部划一规定,以免纷歧。

罚锾及没入之物,均为行政上之正式收入,自应归入国库,按一定时期造册呈报,不得擅行挪作他用,以重公款。

第五十二条　罚役以与公共利益有关之劳役为限,于违警地或必要处所行之,并应注意违警人之身份与体力。

罚役每日不得逾八小时,其逾八小时者,应分日执行。

释义:本条规定罚役之办法。

罚役所以必须以与公共利益有关之劳役为限者,其理由有二:第一罚役为国家行政之处分,故因罚役所得之利益。必应由国家或社会享受之,不得以之供私人之享受。第二罚役在本法分则各条中均系酌科之罚,即罚锾或罚役,二者可由裁决官自行决定之。若不为本条第一项之规定,则一般员警或不免藉此以违警人供赏私人服役之用,于可处罚锾之事件,故意改科罚役,殊非立法之本意也。

罚役必于违警地或其他处所为之者,盖罚役本为违警行为而设,违警地如有劳役需要,自应先蒙此项之利益,故应以在违警地服役为原则。然若违警地并无需要劳役之处,则亦当变通办理于其他相当处所行之,所谓相当处所,其地点自不妨在违警地以外,惟距离亦不宜过远耳。

劳役之种类甚多,本条未为列举,要之一切身体上之劳作,不含重大之危险性者,似皆可作罚役,如修筑道路、浚治沟渠堤坝以及搬运公家对象等均属之。

复次,罚役既属可以酌改之处分,遇有不便执行之处,自可改科他罚,故应对违警人之体力予以审度,体力不胜者,不得责令从事劳作,即体力仅能胜任轻微之劳作者,亦不得责令其为较费力之劳作,所以示体恤也。又违警人之身份,亦须予以保全,违警行为,非犯罪所可比拟,犯罪之处刑,固不得视身份而为重轻,违警之罚役处分则必须虑及其身份,如违警人执业高尚,在社会中有相当地位,偶因细故而致违警,辄令负重操作,杂处于众目共视之下,必将使其发生羞愤之观念,是为一种精神虐待之性质,故执行罚役时,须加考虑,如身份不合,应以改处罚锾为宜也。

第三项之规定,原以八小时劳动制,已为现代公认之原则,违警罚役,自不能居之例外,所以体恤其体力也。故若罚役不止八小时,则应分日执行之,惟分日亦不宜闻断耳。

第五十三条　勒令歇业及停止营业就业所在地行之。

释义:本条规定歇业、停业之处分办法。

勒令歇业与停止营业之区别,已见本法第二十三条及第二十四条之释义。兹不复赘。

歇业、停业应就营业所在地行之,营业所在地即该商店开设之地,外此则非该管警署管辖所及,且亦无处罚及于他地之权力与必要也。故无论其为总店、支店或分店,歇业、停业,即以发生违警之一处为限。

第三编　分则释义

分则者,规定各个违警行为之构成要素及应科处分之限度也。总则所规定,为分则之共通原则,分则则分析个别的违警行为之内容,学者必须寻绎其中之每一字句,确认每一行为之精确的界说及其必要条件,未容妄加比拟附会,致有出入。又违警行为常有与刑法上之犯罪行为相混淆者,何者属警署管辖,何者属法院管辖,皆当审慎,予以研究,本编即就分则各款,一一详绎其意义,特别注重在每一行为之构成要素方面,间并摘取刑法各条文以比较之,藉明两者之分际。

分则共分七章,章各若干条不等,依序述之如次:

第一章 妨害安宁秩序之违警

第五十四条 有下例各款行为之一者,处七日以下拘留或五十元以下罚锾:

一、散布谣言足以影响公共之安宁者。

二、于人烟稠密处所或不遵禁令燃放烟火或其他火药者。

三、当水火或其他灾变之际,经官署令其防护救助抗不遵行者。

四、于房屋近傍或山林、田野无故焚火者。

五、疏纵疯人或危险兽虫奔突道路或闯入公私建筑物者。

六、死于非命或来历不明之尸体未经报告官署勘验私行殓葬或移置他处者。

七、未经官署许可无故携带凶器者。

八、无故鸣枪者。

九、未经官署许可举行赛会或在公共场所演戏者。

十、旅店会馆或其他众人住宿处之主人或管理人确知投宿人有重大犯罪嫌疑不密报官署者。

十一、经营工商业不遵法令之规定者。

十二、经官署定价之物品加价贩卖者。

前项第十款至第十二款之违警并得停止其营业或勒令歇业。

释义:

第一款 规定散布谣言妨害安宁者之处罚。散布者指传播于广众之谓,然不必亲自散布,即对某一人宣布,而目的在使某人辗转传达于广众,则最初造意之人,即以散布论。谣言指不实之事,不问过去、现在或将来皆属之,若确系事实则不得视为谣言。又谣言必须足以影响公共之安宁者,乃为触犯本款,若其谣言,仅系关涉私人琐屑之事,则不得视为违警。例如捏造某人将做寿,某处将开设商店,虽非事实,要与公共安宁无害。反之,若捏造某处失火,某地遇盗,某人夜行遭暗杀或某地藏有炸弹之类,则使人心惶惶不安,应视为触犯本款。又此中须注意者,在戒严法实施区域,如谣言有关军事行动时,应即移送军事机关依军法处理,不得仅以违警论也。

第二款　人烟稠密处所,燃放烟火或其他火药之类,最易肇祸,故不问官署有无禁令,均不得为之。此类燃烧物,并非日用必需,通常系用以资庆祝或游戏者,然以其有鼓动人心之虞,故在闹市,绝对禁止。乡间地方,虽属不禁,惟若因特殊情形,经官署禁止者,自亦不得为之,所以保持社会安宁也。

第三款　所谓水火或其他灾变之际,即包括一切自然或人为的灾害在内,如失盗、覆船、翻车、暴风雨致伤人物之事,如经官署令其防范救助,抗不遵行者,即应处罚。盖遇灾变之际,人人固应尽救助义务,然非经官署命令,法律固难责令人人必尽此义务,故必须经过命令,而不遵行,乃为违警,若已遵行而不尽力,则亦不得视为违警也。

第四款　所谓房屋近傍或山林、田野,并亦包括屋内,凡在此等地方无故焚火,即应处罚。焚火指火势较大,有肇祸可能者,若仅燃细微之火自不在此限,焚火须系出之无故,火为人类生活所必须,自无禁人、焚火之理,然若毫无正当原因而燃放足以肇致巨患之灾,则显为妨害公共安宁,在房屋近傍为之,固足以招火灾,即在山林、田野为之,亦必使远望者发生疑惧心理,故应悬为厉禁。

第五款　疏纵疯人或危险兽虫者应处罚。疯人指其人早经发疯者,若本未发疯,及至出外之后突然发疯,则无疏纵可言。危险兽虫指一切家畜可以致人于损害之动物,如虎豹、毒蛇之类,惟禽类则不在内,盖禽类之危险性甚小也(鹰类虽亦危险,然畜鹰者究属甚少)。疏纵之后必须致使其奔突道路或闯入公私建筑物,道路指公共行走之处以别于山林、田野,凡此皆有致祸之可能也,若仅疏纵于屋内,即不得论以违警。家有疯人及农畜危险兽虫者,均负有管束防范之责,若予疏纵出外,不问故意或过失,皆应以违警论。若致人伤害,则被害人可向法院提刑事诉状或民事诉状以求赔偿(《刑法》二七七条,《民法》一九〇条)。

第六款 所谓死于非命,指尸首之外征,有伤痕或有其他痕迹,一望而知其非因疾病而死者。来历不明,指抛弃于屋外无人管理或守视者。此类尸体,未经报告官署勘验而私行殓葬,或移置他处者,即应处罚。盖上述两种尸体,皆须报告官署勘验者,一以查明是否谋杀,一以招寻死亡者之家属俾其认领,故不容擅行棺殓,或擅移他处。此等行为,无论是否出于慈善动机,概应处以违警之罚,若意在为人湮灭犯罪证据,则应以刑法论罪(《刑法》一六五条)。

第七款 所谓携带凶器,须出于无故,须未经官署许可。凶器指一切枪刀矛戟,足以伤害人之武器而言。此类凶器,除枪支依法须向官署领取登记或使用证外,其他概可自由携带,然不能无故为之,例如夜行防盗,携刀自属有故,若于白昼毫无原因而携带凶器外出,则足以招人疑惧,妨害安宁,故除已获官署许可者外,概应处罚。至携带方式如何,系公然或隐藏的,该非所问。

第八款 无故鸣枪者,不问其为步枪、手枪或鸟枪皆应处罚。施放枪弹,或为射靶,或为防御,皆不得认为无故,若毫无原因而鸣枪作响,使人疑惧,即为违警,至儿童作为玩具之枪,自不在此限。

第九款 凡赛会或公共场所之演戏,依法令均须经过警署之许可,以便审核其内容,是否有妨害风化秩序之处,并可随时派警弹压,故若不经许可,擅自开演,自属非法,惟若小规模之江湖戏法及猴戏之类,似不在此限耳。

第十款　旅店会馆之类之主人或管理人,对于有犯罪嫌疑之投宿人,应负有报告警署以凭查究之义务,自无待言。惟其人必须为投宿者,若寻常出入之人,则不在此限,又必须确知其有嫌疑,若仅臆测,则不能强以必报,又不报之原因须系怠忽或过失,若意在隐藏,则触犯刑法之藏匿人犯罪,应送法院(《刑法》一六四条)。

第十一款　经营工商业须依法令之规定,此中范围至广,例如法令对房屋之建筑,为生之设备,登记之要件以及销售之物品等等,均有规定时,苟触犯其一,即经科罚,若所旧者为违禁品,如鸦片及伪造度量术之类,则更当以刑法论矣。

第十二款　商店对于官署之定价物,自不容擅自加价,否则即应科罚,所以重法令也。然若法令对此别有处罚办法,或别有处罚机关(例如《国家总动员法》中所定者),则自应移送该管机关,依该法条文处理,不能仅以违警论。其论以违警者,仅限于官署无处罚之特别规定时耳。

下列各款之行为,均应处七日以下拘留或五十元以下罚钱,惟第十款至第十二款之违警行为,皆属情节较重,而违警人又属商店一类,故得斟酌情形,并科以停业或歇业之处分。

第五十五条　有下列各款行为之一者,处五日以下拘留或三十元以下罚锾:

(一)于禁止摄影或渔猎之处所,擅自为之不听禁止者。

(二)未经官署许可制造、运输或贩卖烟火或其他相类似之爆炸物者。

(三)关于制造、运输、贩卖火柴、煤油、煤气或其他有关公共危险物品之营业设备及方法不遵官署取缔者。

(四)不注意燃料物品之堆置使用或在燃料物品之附近携用或放置易起火警之物不听禁止者。

(五)发现军械火药或其他炸裂物不迅即报告官署者。

(六)未经官署许可聚众开会或游行不遵解散命令者。

(七)于影响社会公安之重大犯罪可得预防之际知情而不举发者。

(八)船只当狂风之际或黑夜行驶不听禁止或行迹可疑不遵检查命令者。

(九)建筑物或其他工作物有倾圮之虞,经官署命为修理或拆毁延不遵行者。

前项第二款或第三款之违警,并得停止其营业。第六款违警行为之助势者,其处罚得易以申诫,第七款之将犯罪者如为旅客时,其旅店主得加重处罚。

释义:

第一款　禁止摄影之处所,例如要塞区域,禁止渔猎之处所,例如私有之池沼山林,均不得擅自摄影渔猎,否则为违警。惟违警人在摄影或渔猎之时,或并不知其地为禁止区域,则不能科以处分,故必须为"不听禁止"者,即已经禁止,而仍置之不顾者,此为本款之要素。

第二款　烟火及其他类似之爆炸物,均系含有危险性者,故其制造、运输或贩卖必须经过官署许可,以防其制造、运贩不合规定,或致损害大众也。故开业之先,必须经过登记,否则为违警,除处拘留或罚锾外,并得停止其营业若干日。

第三款　本款用意与前款相似,惟前款为未经许可,本款则为不遵取缔,许可为开业以前之事,取缔为开业以后之事。火柴、煤油一类之物,与公共危险有关。其制造原料、方法、运输工具及售卖时之储藏处分,暨各种防范设备等,法令均有明文规定,从事是项营业,自应遵守勿渝,以重公共安宁,否则无论其不遵守之原因如何,概应以违警论。若已肇巨祸,则应移法院,以公共危险罪科刑(《刑法》一七六条)。又本款除处拘留或罚锾外,并得停止其营业若干日。

第四款　燃料物品指一切柴草、煤炭、木材之类,其堆置使用,自应在妥当之处所,例如广场之上,若任意放置,或于其旁携用或放置易起火警之物,例如火柴、煤油之类,则肇祸之可能性极大,应以违警论。惟其堆置使用方法,行为人或有未尽明了之处,故须称由警署加以禁止,不听禁止的,乃可拘罚,若其已经肇祸,则应移法院,如前款之释义,毋庸赘述。

第五款　军械为军人所专用者,包括一切枪弹之类,火药及其他爆炸物均属危险物品,发现者自应立即报告警署处置,否则无论原因如何,概应处罚,延缓报告者亦同。

第六款　聚众二字指多数集合,有随时可以增加之状况者而言。若仅结伙三人以上,不得为聚众(最高法院一七年解字第一八号解释)。聚众开会或游行,不论性质为何,均应经官署之许可,以防发生意外,若未经官署许可,则应先加阻止令其解散,不遵解散,即为违警,若其目的在为强暴、胁迫经解散命令三次而不解散者,则应送法院治罪(《刑法》一四九条)。又本款之处罚应着重为首之人,其助势者得易以申诫,因难免有盲从或被胁之人也。

第七款　所谓影响社会公安之重大犯罪者,例如内乱外患、公共危险、伪造货币或度量衡之类,知情而不举,自应处罚,惟其犯罪,须在可以预防之际,若已经完成犯罪行为,则不在此限,本款与第五十四条第十款之规定有不同,前者仅指普通犯罪而言,且以旅店之类为限,本款则指任何人民而言。若系旅店,则店主得加重处罚。

第八款　船只当狂风之际,或黑夜行驶应予处罚。黑夜指无月之夜,船只当指普通之木船而言,若轮船似不在此限,盖轮船虽在暴风或黑夜行驶以有机器设备,当不致发生若何危险。他种船只,在此情形,若经禁止而不听,即为违警,应由水上警署处理之。又行迹可疑不遵检查命令者亦同,此则兼指一切船类而言,形迹可疑者,例如不遵一定线路行驶,或预闻其中藏有违警物,或为水上盗贼所雇用者,均得以法定方法,令其停船候检,不听从者,即应强制从事,以保护社会治安,至该船是否确有犯罪企图,则所不问。

第九款　建筑物指一切房屋、桥梁、堤坝之属私人所有者而言,工作物例如起重机水磨之类,凡此如有倾圮之虞,应即命其修理,或拆毁,延不遵行即为违警。惟依二十一年公布之《行政执行法》第三条之规定,尚有一种办法,即经命令而不遵者,得由官署代为修理或拆毁,而后向义务人征收费用是。

本条第二项之释义已叙入二、三、六、七各款中,兹不赘。

第五十六条　有下列各款行为之一者处三日以下拘留或二十元以下罚锾或罚役。

(一)于警察官署之合法检查抗不遵从者。

(二)于不许出入之处所擅行出入者。

(三)隐匿于无人居住之建筑、矿坑、火车、电车、航空器或其他舟车内者。

(四)于官署指定处所任意张贴广告标语者。

(五)于发生火警或其他事变之际停聚围观或聚众喧哗不听禁止者。

(六)于学校、博物馆、图书馆、展览会、博览运动会或其他公共游览聚会之场所口角纷争或聚众喧哗不听禁止者。

(七)于道路或公共场所饮酒、喧哗、任意卧睡、怪叫、狂歌不听禁止者。

(八)无故擅吹警笛或擅发其他警号者。

(九)深夜喧哗或开放播音机、留声机或其他发音器妨害公众安息不听禁止者。

(十)藉端滋扰住户店铺或其他贸易场所者。

（十一）各种车辆不遵警察官署规定时间深夜擅鸣发音器妨害公众安息不听禁止者。

（十二）车船力夫或旅店招待等包围旅客强行揽载者。

（十三）夫役佣工车马渡船等于约定佣值赁价后强索增加，或中途刁难，或虽未约定事后故意讹索超出惯例者。

（十四）于车站轮埠或其他公共场所卖艺或表演杂耍等类不遵官署取缔者。

前项第十二款至第十四款之违警并得停止其营业或勒令其歇业。

释义：

第一款　人民有身体及住宅之自由，非依法律不得予以搜索或其他侵害，此为立宪国之通例，故凡非法之检查，自得予以拒绝。然合法之检查，则人民有遵从之义务，不能无故拒绝。所谓合法者，第一须由有检查权之机关之职员或其所委派之人，第二检查之人，须带有相当证明文件，足以证明其权力，第三检查不得出以强暴非礼之行动。合此数条件，而被检查者抗不遵行即为违警。

第二款　若干地点，例如国防要塞或官署所在，或明白标示不许随意出入，或惯例上外人不得擅自入内者，若抗不遵从，仍擅自出入者，自应以违警论，不待先行禁止也，惟确有正当目的者，自不在此限。

第三款　一切建筑物及矿坑、舟车之类，无人居住之处，擅自隐匿其中者，不问用意如何，均应以违警论罚。所谓隐匿者，指潜藏其中达相当时间而言，若公然入内，旋即退出，则不得谓之隐匿，若其中有人居住，而无故侵入，则为刑法上之妨害自由罪（《刑法》三二〇条）。故必须为无人居住，乃为违警条件。

第四款　广告标语之张贴，均应在官署指定场所，否则为违警，盖都市观瞻所系，不容污损也。至广告或标语形式是否美观及其内容性质如何，概所不问。

第五款　发生火警或其他事变之处,例如杀人地点,应由官署派员维持秩序。停聚围观或聚众喧哗之行为,不问用意如何是,自属妨害秩序,经禁止而不听者,自得以违警论。此种行动,本无组织,故亦无所谓为首或助势之人,应一并予以科罚。

第六款　学校博物馆或其他公共游览聚会场所,例如公园、体育场等皆应保持其严肃及秩序,以图公共之幸福,其有口角纷争或聚众喧哗情事,经禁止而不听者,自应不问双方之是非曲直,概以本款论以违警之罚。

第七款　道路或公共场所,皆应保持秩序,酗酒喧哗、任意卧睡、怪叫狂歌,自所必禁,禁止而不听,应以违警论。其理由同上款。公共场所,包括餐馆、旅馆等在内,非有明文规定,自难禁人饮酒,然酗酒喧哗,则为显悖秩序,卧睡之处,如为适当处所,自亦可许,惟不得任意卧睡,至顺带喊叫歌唱,如非出以怪声,致人烦扰,自亦不在此限也。

第八款　警笛之使用,系于紧急事变时,藉以呼警者,其他警号例如警铃、空袭警报之类,凡此皆不得无故擅发,招人惊扰,致警士奔驰赴援,故定为违警罚。若起因出于误会,则不在此限。例如误信有盗而鸣警笛是。

第九款　深夜为公众安息之时,时间当在十二时以后,如有喧哗或开放播音机、留声机或其他发音器例如喇叭乐器一类,是为妨害他人睡眠,不听禁止,自应处罚。

第十款　住户店铺等或属私人所有,或关公众秩序,藉端滋扰,自所必禁。所谓滋扰,包括喧哗、吵闹、强索、威胁甚至动武,凡足使人发生烦扰之感觉者皆属之,"藉端"云者,别于"无故"而言,然无论其所持理由为何,其行为之方式终属有害安宁或秩序,故须处罚,且无先加以禁止之必要也。

第十一款　车辆所装之发音器如汽车之喇叭,马车、人力车、自由车之响铃声,其声浪最为刺耳,故不遵警署规定时间,而于深夜擅鸣者,应予处罚,惟若警署并未规定时间,或其鸣放行为,系出必要者,自不在此限。

第十二款　车站轮埠,最重秩序,故力夫及旅店招待之包围旅客,强行揽载,自属违警,惟其行为,须系出于包围。包围者,以多数之人,围困旅客,使其不易脱身之谓,又必须以"强揽",即不问旅客意思,强制其受揽就载之谓,凡此皆妨害秩序,并妨害自由,故应处罚,缺此包围或强揽条件者,自无禁止之理由。

第十三款　夫役佣工车马渡船等之佣值赁价,如无法定之数额,即应照约定之数额办理。若于约定后,强索增加,或中途刁难,或未约定而事后故意讹索,自皆为妨害秩序,应予处罚。惟其要索,必须出于强索,若非强索,而为和平之请求,自不在此限。所谓刁难者,指中途不继续服务以为要挟之谓,尚未约定酬报之金额者,自得于事后请求,惟不得出以讹索,讹索者,任意强索之谓,尤不能出于惯例之外,若所索之数,尚在惯例以内,或与惯例相去不远,则亦无处罚之理由也。

第十四款　车站、轮埠及公共场所卖艺及表演杂耍,地方警署,常定有取缔办法,例如应在一定地方,应有一定价目,表演节目,不得有妨风化或三民主义等,若明知而不遵行,即为违警,不问其原因之为何也。

以上各款均处三日以下拘留或二十元以下罚金,惟第十二至第十四各款,均系营业性质,如违警情节较可恶者,得并科以停止营业或勒令歇业之处分,以示惩戒,而杜后患。

第五十七条　有下例各款行为之一者处三十元以下罚镪:

(一)亵渎国旗、国章或国父遗像尚非故意者。

(二)出生、死亡、婚姻、迁移或其他人事变动不依法令报告警察官署者。

(三)房主或房屋经纪人对于房客之迁出不依法令报告警察官

署者。

(四)旅店会馆或其他供众人住宿之处所不将投宿人姓名、年龄、籍贯、住址、职业及来往地址登记者。

(五)兴修建筑不依法令呈请官署核准或违背官署所定标准擅自动工者。

(六)毁损路灯、道旁树木或其他为公众设备之物品尚非故意者。

释义：

第一款　国旗、国章及国父遗像皆为国民所应尊敬者，若对之有亵渎行动，自为法所应罚，以崇体制而维秩序。亵渎者，指将国旗、国章或国父遗像做生意为不合尊敬原则之处置，例如放置污秽处，予以涂抹或毁损，换言之，即变更其外观，易其尊严为丑恶，使人见之发生不良之感觉是。国旗以依中华民国国徽国旗法所制者为限，若其物品本身格式，并非国旗，虽予亵渎，亦不为违法。国章即表示国家之徽章，例如青天白日章是也。国父遗像则无论其为摄影或绘图，皆同一例，亵渎上述各物，依《刑法》一百六十条，已有处刑之规定，惟刑法所处分者，仅以意图侮辱者为限，若并非故意，而系出之过失，或不知各物之当尊敬，则只能以违警论，无先加禁止之必要。

第二款　调查户口为警署主要任务之一，户口异动之报告，亦为每一人民所应有之义务，故特定本款，设立不报告之罚则，不报告之原因，系故意或过失，均同一例。依二十二年首都警察厅公布之"户口异动报告须知"计分十项，(一)出生，应于婴孩出生后五日内报告。(二)死亡，应于死亡后二十四时内报告。(三)迁移，在本地迁移者，应于未迁前五日内报告，外埠迁来者应于迁来后五日内报告，迁往郊外者，应于迁往前五日内报告。(四)婚嫁，应由男女双方之主婚人于五日内报告，若在旅店结婚，则由旅店报告。(五)分居，应于分居后五日内报告。(六)继承，应于继承发生后五日内报告。(七)失踪，由房主亲属或邻居随时报告,寻获时亦应报告。(八)收养弃儿,应于收养后五日内报告。(九)店铺之开张或歇闭,应于事前五日内报告。(十)雇用辞退(指店铺中之人而言),应于事后五日内报告,以上可供一般参考,本款所谓(其他人事异动)者,可包括上文第五至第十各项而言也。

第三款 迁入迁出之报告,固应由本人为之,而房主或房屋管理人,亦负此义务,故不报告或延缓报告者,概应处罚,俾警署对地方人口随时有确实之统计。

第四款 旅店会馆之类,对于投宿之人,应令详注姓名等项,以便官署稽查,以防匪类之潜藏,此为各地之通例,违者即应以违警论。惟其主体以供公众住宿之所为限,私人住宅自不在此限,所登记者,虽只限于投宿之人,然若迁入而言明不住宿者,亦应予以登记。

第五款 兴修建筑,须先呈明图样,或说明兴修方法,俟得主管官署(例如市工务局)许可,始得兴修,盖恐做生意兴修,或致有妨公众利益(例如在大路上搭茅棚是),故须经核准也。至兴修之时,尤必须注意官署规定之标准,若兴修不合法,致有危险之虞,除令其重行修现外,仍得予以违警处分。

第六款 路灯、道旁树木及其他为公众设备之物,例如公园中之座椅,指路之木标一类,皆应加意爱护,其有予以毁损者,如出故意,则为触犯刑法之毁弃损坏罪(《刑法》三八二条),故本款所处分,仅以过失者为限。

第五十八条 有下列行为之一者处二十元以下罚锾或申诫。

(一)升降国旗经指示而不静立致敬者。

(二)闻唱国歌经指示而不起立致敬者。

(三)于公典场所瞻仰国父遗像经指示而不起立致敬者。

(四)于公共场所瞻对中华民国元首或最高统帅,或其仪像经指示而不起立致敬者。

(五)国旗之制造及悬挂不遵定式者。

(六)于车站、轮埠或其他公共场所争先拥挤不听禁止者。

(七)车马行人不按左侧前进不听禁止者。

(八)人力车、自行车乘坐二人不听禁止者。

(九)于火烛门户不当心经指示而不听者。

释义：

第一款　国旗为国民所崇敬之物，故升上或降下之际，必须静立致敬。否则应以违警论。依例国旗之升上，常在晨间，降下则在傍晚，无论是否参加典礼，抑或路经其地，皆须致敬，坐者应即起立，行者应即止足，行注目礼，同时不得有谈笑或其他之动作，此为公民所必应知悉者。然在教育尚未普及之际，难免有不知致敬之人，故须先予指示，指示之人，不必限于警士，任何人皆可指示，如指示不听，乃可予以违警之处分，其所以仅属违警之轻微处分者，以其仅为消极的不敬行动，而非积极的故意毁损或亵渎行为也。如属后者，则属刑事范围矣。

第二款　国歌亦为应尊敬者，故闻唱国歌，应即起立，其理同上。

第三款　国父手创中华民国，凡为国民，均应对其遗像致敬，与国旗一例，经指示而故违者，应予处罚，自不待言，惟地点须为公共场所，即良众聚会之处(包括电影院)，若在私人住宅，自不在限。

第四款　元首代表中华民国最高统帅，地位尊严，故无论瞻对其本人或其仪像，均应起立、致敬，罢已亡故之元首遗像，自不在此限耳。

第五款　国旗代表国家，其制造、出售及悬挂方式，自应遵照法令以期划一，而免亵渎，违者无论原因如何，均应处罚，其理由自不待言。

二十年中央曾颁布"党旗及国旗之制造及使用办法"，兹摘录于次，以供参考：(一)国旗尺度比例应依中央规定。(二)颜色为深红天青及纯白天色，以染印法为原则。(三)旗身材料以国产之丝毛棉麻为之。(四)商店制造国旗，须先送旗式呈经当地政府核准，始得发售，否则即予禁止出售及使用。(五)悬旗之杆,杆身须全白,配以金色球顶,杆身之长,须在旗身横长度三尺以上。(六)室外悬旗时间,自日出时起,至日入时止。(七)门首悬党旗或国旗时,须悬于门楣之左上方,旗杆与门楣成三十度至四十度角度,其党旗、国旗,同时悬挂门户上面者,可成交叉形,党旗居国旗之右,国旗居党旗之左,各成角度三十至四十之下垂形。(八)商店住户所悬之旗以六号或七号为标准。(九)凡下半旗,须先将旗身徐升至杆顶,然后降下至旗身长二分之一若干尺而止,下旗时仍须升至杆顶,再行降落。(十)国旗与外国之国旗,同立一处时,其旗式之大小,及旗杆之高低,须相等。如两旗交叉时,本国旗居外国旗之左,外国旗居本国旗之右。(十一)凡悬持党旗、国旗,不得倒置(国旗倒置系表示国家处在危迫境地,求人援助之严重符号,平日悬旗,切须注意)。(十二)使用党旗、国旗,不得作为他种用具。党旗、国旗之式样,不得作为商业上一切专用标记,缀置各种符号或印刷图写文字及制为一切不庄严之装饰品。

上述第十二项并作为前条第一款之解释。

第六款　车站、轮埠或其他公共场所首应注重秩序,鱼贯依序而前进,若争先拥挤,不听禁止自应拘罚,以保秩序及安宁,若在非公共场所,则非警署不能干涉矣。

第七款　车马行人应自左端前进,以免双方冲撞,此为新生活运动中之要点,不听禁止,应以违警论,以养成人民重秩序之习惯。

第八款　人力车、自行车概以乘坐一人为限,若乘坐二人以上,则有翻车之危险,且恐人力车夫力不胜任,非所以重人道,故不听禁止,即须处罚,至人力车乘坐二人,其一若为婴孩幼童,当不在此限。

第九款　火烛及门户皆为人家所应注意,以防火警、盗警之发生,而火警发生,尤足以波累众人,故凡有任意放置火种或灯火于易燃之地,或夜间不闭门户而就寝一类之事,经警察之指示而不听者,自应予以科罚,以杜患于未然。

第五十九条　于警察官署所定时限外逗留茶馆、酒库、浴室,或其他娱乐游览等处所,经警官长警或各该处所管理人等劝令退去不听者,处二十元以下之罚锾或申诫。

前项管理人于警察官署所定时限外听客逗留者,定三十元以下罚锾,并得停止其营业。

释义:茶馆、酒肆、浴室及娱乐场所之营业,夜间皆应有一定之时限,以免人之荒淫无度,彻宵忘返,且所以保持社会安宁,故凡顾客于时限以外,仍逗留其内者,自应由警官长警或该所管理人,劝令退出,不服从者,即应拘罚。

本条第二项之规定,系为惩戒前项管理人而设,管理人遇有顾客于时限外逗留不去者,即应婉劝退出,如其不听,即可强制其出外,或呼警处理,若任听逗留不施劝阻,则为显背法令,故除处罚锾外,仍得视其情节,酌科停业,均科停业处分。

第二章　妨害交通之违警

第六十条　有下列行为之一者处七日以下拘留或五十元以下罚锾。

（一）妨害铁路、航空或其他陆上、水上之交通尚未构成犯罪者。

（二）妨害邮件、电报、电话或其他电信之交通尚未构成犯罪者。

释义：

第一款　交通事业，关系国家及社会，极为重大，无论空中、陆上或水上之交通，皆不容无故予以妨害，违者即应处罚自不待言，妨害即阻碍扰乱之意，凡以不正之行为足使交通陷于停顿或不正常之状态者均属之。例如阻碍航行路线，遮断公路交通，损坏公路设备，如桥梁等，擅移铁路之轨道，阻碍舟车之前进，损坏航空器之设备，或阻挠其行动等皆是，不问其为国营或民营也。刑法于此，特列入公共危险之罪名（《刑法》一八五条），然刑法所规定，仅以故意妨害为限，若出于过失，则刑法不予科罚，自应以违警论。

第二款　邮件、电报、电话等皆属公众通讯所必需，妨害者即应处罚，其他电信交通，包括其他利用电气以传达对象或消息，不问其为无线或有线，皆同一例。如有施以妨害，例如剪断电线、隐匿邮件舟车之类，若出故意，即应以《刑法》一八八条论罪，否则应科以违警之罚。

第六十一条　有下列行为之一者，处五日以下拘留或三十元以下罚锾。

（一）于公众聚汇集之处或弯曲小巷驰骤车马争道竞行不听禁止者。

(二)各种车船不遵章设置音号标记或设置不合规定者。

(三)各种车船行驶速率超过规定者。

(四)各种车船载重超过数量或载物超过车身、船身一定之限制不听禁止者。

(五)渡船桥梁经官署定有通行费额私擅浮收或借故阻碍通行者。

(六)婚丧仪仗不依规定或未将经过路线报告警察官署致碍公众通行者。

释义：

第一款　车马驰骤或争道竞行于弯曲小巷或公众聚集之处，危险实甚，不特相互间，常有发生碰撞可能，且恐冲伤路人，尤易肇祸，故如不听禁止，即当处罚。

第二款　车辆及船只，均须设置音号或标记，所谓音号例如汽车之喇叭、轮船之汽笛等皆是。人力车、马车在若干地方之法令，并规定须备响铃，俾路人知所走避，至标记则任何车船，均应备有，以资识别，最要者为其号码或牌照，以便稽查，轮船尤须将船名以大字漆于船身，俾可一望而知。此外尚有其他必要之设备，例如各种车船须备夜间之灯光，马车之马须备眼罩及缰绳等，轮船须备救生器具，或救生小艇之类，以防意外。凡此应由市工务局、市公用局或航政局予以详细规定，违反者除禁止其行驶外，并应处以违警之罚。

第三款　车船行驶速率，均应有一定限度，盖行驶过速，则煞机不及，势必易于肇祸，故速率必须依一定限程，违则处罚。兹将首都警察厅二十三年颁布之"南京市陆上交通管理规则"，摘录有关各点如次，以供参考：(一)车辆行驶应靠近道路之左侧，行车时应注意一切交通标志，并服从岗警指导。(二)车辆行驶于将转弯时，应先减低速度，其向左转时，应紧靠路左缓行。向右转弯时，除有特别情形之街口，不容大转弯者外，应经过路中交叉点，成大转弯前进。(三)凡车辆行近下列各处者,均应减低速率,必要时并应停止行驶:(1)桥梁,(2)下坡,(3)十字街,(4)分支路口,(5)窄狭街道,(6)人烟稠密处。(四)凡车辆在将转弯或超过交叉口时,应先鸣警号或用手势示知车辆行人或路警。(五)车辆鱼贯行驶时,后车对于前车,须保持适当之距离。(六)凡后行车辆欲超越前行车辆时,须先自认定其在超越时之安全,同时俟前车闻声向左侧避让后,方可实行超过,超过后须行至适当之距离,始得复入原道行驶。(七)车辆行驶时不得于车外攀人附物。(八)汽车在街道中行驶,每小时不得逾十六公里,在八公尺以上之街道行驶者,每小时不得过三十二公里,在公路行驶,每小时不得过四十公里,以上各项并可作本条第二款之参考。

第四款　车船之载客装货,均应有一定限度,过重者势必易于肇祸,故除船只所载人数能力,应由航政局依该船之吨数及年龄酌予规定,并令明白揭示于船内外,车辆之类,应由工务局或警署,予以规定,惟仍须分别顾及车之种类容量轮胎等等,未可以一例论也。其超出规定之重量而不听禁止者,自应处罚,但轮船之类,船上已有明白规定之揭示,似可不必以"不听禁止"为条件,于其行驶时,发现有载重逾量,即可予管理人以处罚。

第五款　渡船桥梁均为利便公众交通而设,无论公营或私营,其过渡费用,均应严格规定,不得逾额滥收。违则处罚,自无待言。其有借故阻碍通行者,除确有正当原因,如桥船损坏者外,亦均应处罚,盖交通事业,应由公众享受,设无正当理由,而阻人过渡,其影响公众生活至巨,故特设本款以规定之。

第六款　我国婚丧仪仗之游行,常有铺张奢靡之习尚,动辄以数十百人,招摇过市,障碍交通,莫此为甚。故应责令依一定之规定,例如人数不得过多,仪仗之类,体质不得过大,及应依一定之路线前进等。事前应先报告警署,俟核准后,始得游行,否则如有碍公众通行即应将户主拘罚。

第六十二条 有下例各款行为之一者处三日以下拘留或二十元以下罚锾或罚役。

（一）不遵禁令于路旁、河岸等处开设店棚或设置有碍交通之物者。

（二）于自己经管地界内当通行之处有沟井坎穴等不设覆盖或防围者。

（三）车马夜行不燃灯火者。

（四）熄灭路灯致妨害通行者。

（五）于禁止通行之处擅自通行不听禁止者。

（六）将冰雪、瓦砾、秽物或其他废弃杂物投置道路或码头者。

（七）私有阴沟污水溢积道路不加疏浚者。

释义：

第一款 路旁及河岸之地与交通及观瞻，均属有关，故法令得禁止其搭盖店棚。店棚指一切布棚、草棚用以旧物者而言，其他有碍交通之物，如摆设货摊或堆置体质较大之物一类，其有违反禁令者，自得予以处罚，以重交通。

第二款 自己经管地界内，当通行之处，如有沟井坎穴之类，自应设置覆盖或防围，以免路人之误落其内，此为应尽之义务。故违者即可处罚，至防盖及防围方法是否妥当，为另一问题，惟不能仅以茅草之类，轻加覆盖，转成陷阱耳。至不在自己经管地界内，则无负此义务之必要，自不待言。

第三款 车马夜行均须燃点灯火，此为通例，违即处罚。不待禁止。此指已有灯火设备而不燃者而言，若未有灯火设备则为违反第六十一条第二款之规定，应依该款处罚。

第四款 路灯为道路上夜间必备之物，且通常属之公家所有，若予毁损，即构成第五十七条第六款之违警行为，此处所指，仅以熄灭为限，不问故意或过失,凡因而致交通于妨害时,即当处罚。

第五款 禁止通行处,不问有无明白标示,凡经禁止不听强欲通行者,即应处罚。本款与第五十六条第二款之规定不同,前款指出入公私建筑物而言,本款则泛指一切道路,盖道路上或因发现有危险物,或因正在修筑,或因发生火警、盗警,均得临时禁止通过也。

第六款 道路或码头所在,皆应注重交通及卫生,若任意将冰雪、瓦砾、秽物及其他废弃杂物,如垃圾一类,随地抛弃,殊于观瞻卫生及交通等,大有有碍,故得不加禁止,径予处罚。

第七款 私有之阴沟应随时予以浚治,若日久闭塞,致污水溢积道路,自与交通、卫生两有妨害,故得不加禁止,径予处罚。

第六十三条 有下例各款行为之一者处二十元以下罚锾或罚役或申诫。

(一)任意设置或张挂牌照彩坊或广告等不听禁止者。

(二)于道旁罗列商品食物或其他杂物不听禁止者。

(三)于道路横列车辆或堆积木石薪炭或其他物品或于河流弃置废旧船只等妨碍通行者。

(四)于道路溜饮牲畜或疏于牵出妨害通行者。

(五)并驶车马船筏或任意停留妨碍通行者。

(六)疏纵幼童嬉游道上不听禁止者。

释义:

第一款 牌照彩坊或广告等设置,皆应在适当地点,且体质不宜过大,以防发生坠落之危险或有碍交通之处,故应先予以禁止,不服从者,即应处罚。

第二款 道旁罗列商品食物之类,不问是否出售,均属妨害交通,禁止不听,自应处罚。

第三款 道路为公众通行之处,车马停留只可先后排列,不宜横列,以妨交通,至堆积木石薪炭或其他物品,更足以防碍通行,故应处罚,不待先行禁止。又废弃船只,自应放置沙滩之上,若任听弃置于河流之中,往返船舶,必致受其障碍,甚或发生危险,故亦应在处罚之列。

第四款　道路非溜饮牲畜之处,若任听停留溜饮,必将有碍交通,牲畜包括一切家畜如牛马骡羊之类。其在路上疏于牵出者,或致奔突道上,尤属障人路线,甚至有伤人情事,故应予以处罚。不问其已致人于损害否也。

第五款　车马船筏均不得并驶于平行线上,以妨交通,至欲超过前车或前船者,亦必须增加速度前进,不得取平行姿势,至停留地点,亦须在规定处所,都市中尤为必要,故设本款以规定之。

第六款　幼童出外,须有携带之人,若任意疏纵嬉游于道上,最易发生危险,其家长应负责任,故如不听禁止,该家长应即处罚,非徒所以保护幼童,兼以维持秩序也。

第三章　妨害风俗之违警

第六十四条　有下例各款行为之一者处七日以下拘留或五十元以下罚锾或罚役。

（一）游荡无赖或形迹不检者。

（二）僧道恶化或江湖流丐强索财物者。

（三）意图得利与人奸谋且代为媒合或容留止宿者。

（四）奸宿暗娼者。

（五）唱演淫词秽剧或其他禁演之技艺者。

（六）表演技艺其方法不合人道或其他足以引起观众不快之感者。

（七）于道路公共场所或公众得出入之处所为类似赌博之行为者。

（八）于非公共场所或非公众出入之场所赌博财物者。

前项第三款代为媒合或容留止宿者为旅馆时，并得停止其营业，戏院、书场、舞台而有前项第五款情形者，并得停止其营业或勒令歇业。

释义：

第一款　游荡无赖者，指一般游手好闲并无正当职业，终日游荡街头恃不正当之收入为生之人，形迹不检，则指一般举止行动有类匪徒流氓之人。以上两种之人，虽无违警实迹，但以其行动言之，随时违警或犯罪之可能，为社会中之一种蠹虫，故应酌予惩戒。使知戒惧惩戒方法已如本条第一项所述，惟以本款论之，似以处罚役为宜耳。

第二款　僧道化缘本所不禁，惟不得出以恶化之方式，所谓恶化，指强索或故意伤自己身体以强人救助，或故意以巨石之类放置店中，以图讹索，此类行为，在都市中为恒有，实与善良风俗有害，故应处罚。至江湖流丐强索财物，其强索方式多同前例，自亦应予拘罚，江湖流丐，指无一定居处而流浪四方之乞丐而言。此类人犯，自亦以科以罚役为宜。

第三款　本款之违警行为可分三项：（一）意图得利与人奸宿者。男女奸宿，苟双方均达成年，均无配偶，虽悖礼义，本不为非法。惟意图得利，而与人奸宿，则有伤风化，为警律所不许，至其利之已得与否，在所不问，科罚之主体，亦应以得利之一方为宜。（二）意图得利代为媒合，即指一般撮合两性奸淫之事为职业之人，此类人之目的，自为金钱起见，故须处罚，以正风化。（三）容留止宿者，容留男女奸宿之人，未必即为撮合之人，故须另列一项。其人是否旅馆之主人抑或私人住宅，概所不问，惟以明知其结合为不正当者为限。又以上妇女方面均兼指良家妇女及非良家妇女在内，若为已婚之良家妇女，非素操淫业者，相奸之人，应触犯《刑法》二三九条之和奸罪，惟非经其本夫起诉，不得由警署径送法院，盖以其为视告罪也。

第四款　奸宿公娼，自非法之所禁，盖公娼领有营业执照，自无禁其留客之理。惟暗娼，即私娼暗操淫业，未经官署许可，未纳花捐者，自不能与客奸宿，否则男女双方，均应拘罚，藉维风化。惟以此辈暗娼，既非良家妇女，则奸宿之人，亦不得以略诱、和诱或和奸论罪，故仅能科以违警耳。

第五款　说书演戏及杂耍一类，均不得开演淫秽之节目，使社会中发生不良之影响，此为习知之通例，故各说书者唱演淫词，演戏者表演秽剧，演杂耍者为各种禁演之技艺。均应处罚，以维风化。所谓禁演之技艺，并不仅包括淫秽者而言，凡一切戕贼身体，或有危险性之动作等皆属之，此类节目开演之先，应先经警署许可，其经官署禁演而仍演出者，自亦应予拘罚。

第六款　表演之技艺，虽非禁演节目，然其表演方式，不合人道，例如以背向身后折弯，卸取椅下之茶杯之类，纵可勉强为之，亦属违反人体自然之构造，不得目为一种技艺，或运动，故应处罚。其他足以引起观众不快之感者，例如言论过于粗鄙，行止过于放浪，或使人发生极端之恐怖一类，凡此虽尚非秽亵或残忍，要亦致人于不快，故亦在应罚之列。

第七款 《刑法》第二六六条定有赌博之罪，其条文为"在公共场所或公众得出入之场所赌博财物者处一千元以下罚金，但以供人暂时娱乐之物为赌者，不在此限"。是刑法赌博罪之条件，必须在公共场所或公众得出入之场所，赌博财物者始为犯罪。若赌博之处，虽在公共场所，而并非完全赌博，仅属类似赌博之行为，则应属违警范围。所谓类似赌博者，例如以抽法博取彩品是。

第八款 依前述刑法赌博罪之条件，必须在公共场所为之，若赌博之处不在公共场所，而在私宅，则属违警行为。盖赌博行为本为法所必禁，在公共场所赌博者，足以吸引大众，为害较大，故须绳以刑罚，若私宅则为害较小，故仅予以薄谴。此处所谓赌博，系指赌博财物而言，财物不限于金钱，即以物品为赌注者亦属之。惟必须确系赌博，非类似赌博者。若在私宅中为抽签博彩之游戏，自亦不能论以赌博也。

以上各款科罚，应依第一项之规定，惟第三款代为媒合或容留止宿之处，若为旅馆而某事又为旅馆主人所明知，则其情节可恶，自得并科以停业处分，又第五款表演淫戏者，如属戏院、书场、舞台，自亦得援前例，并科停业或歇业，以防其惯常以此为业，藉以吸引观众也。

第六十五条 有下例情形之一者处五日以下拘留或三十元以下罚锾。

（一）污损祠宇墓碑或公共纪念之处所或设置尚未构成犯罪者。

（二）以猥亵之言语或举动调戏异性者。

（三）媒合或容留他人为猥亵之行为者。

(四)于道路公共场所或公众得出入之处叫骂不休不听禁止者。

(五)于道路公共场所或公众得出入之场所任意裸体或为放荡姿势者。

释义：

第一款　祠宇墓碑或公共纪念之处所，或为崇祀祖宗，或为纪念先哲，无论何人，俱不得施以污损行为，对其中之设置如椅案等亦然。《刑法》第二四六条对于公然毁坏庙坟墓或公共纪念处所者，已有处刑之规定。惟刑法以公然及故意侮辱者为限，既非出于公然，且非出于故意，即不能构成犯罪，应以违警论罚。

第二款　猥亵者，指奸淫以外一切违背风纪有关人类情欲生殖之行为。刑法对于猥亵行为，已定有专条处刑(《刑法》二二四条)，然刑法所规定者，仅以实施猥亵为限，且同性猥亵，亦在此例，若尚未实施，仅为猥亵之言语或行动上调戏者，即不能构成犯罪，故应以违警论，至其主体则不问为男或女，惟调戏之对象，则以异性为限，同性之调戏固不得予以处罚也。

第三款　猥亵行为，固为触犯刑法，然刑法对于媒合或容留他人猥亵行为者，则未有明文规定，《刑法》第二三一条第二项虽定意图营利使人为猥亵行为之处罚，然究未专指媒合或容留而言，故本款特规定之以补刑法所未及。

第四款　道路及公共场所之类，观瞻所击，若任听叫骂不休之行动，自属违反善良风俗，故如禁止不听，即应拘罚，惟叫骂行为，须为继续性的，若仅一二语之叫骂，旋即终止，不得视为违警，至其叫骂之措词与其原因如何，则可不问。

第五款　道路及公共场所之类，均应保持礼貌，以肃观听，任意裸体，或为放荡姿势者，自可不待禁止径予拘罚，所谓裸体，不必尽去衣裳裤，即赤膊亦在其例，又放荡姿势，则范围较广，要之必为使人对之发行为猥亵之观感者。此当以常识判断之。

第六十六条　有下列各款行为之一者处三日以下拘留或二十元以下罚锾或罚役。

（一）奇装异服有碍风化者。

（二）妖言惑众或散布此类文字图画或物品者。

（三）制造或贩卖有关迷信之物品不遵官署取缔者。

（四）于通衢叫化或故装残废行乞不听禁止者。

（五）贩卖或陈列查禁之书报者。

（六）虐待动物不听劝阻者。

释义：

第一款　服装本属人民之自由，惟过于奇异，致有碍风化者，自不得不处以违警罚，所以维持承受善良风俗以正观感也。何谓有碍风化之服装，殊难定一界说。要之必为不常见之服装，定使人见之，有秽恶之观念者，例如男服女装是。又如妇女装饰，过于妖冶，甚至有近赤水裸身体，亦属此类，此亦宜以常识判断，不能拘泥一格也。

第二款　妖言惑众，在所必禁，妖言者，毫无情理之妖异言论也。此与谣言有别，盖谣言尚非绝对不近情理，而有事实上之可能者也。妖异之言，虽不为有智识者所相信，然虽免不蛊惑乡愚，故足以扰乱人心，例如造作某年、月、日，将有大瘟疫，或将有浩劫之来临而归之于神佛之驱使是，至其用意如何，则所不问。又妖言不必出之言语，即散布此类文字图画或物品者亦同，散布指广贴各地域四处分送与人而言，若仅分送一二人而非有使其散布，则不得谓之散布，亦不得谓之惑众，至散布惑众之主使人，固应处罚，即听从其指导而为散布者，自亦同科。

第三款　迷信物品如锡箔、纸钱、冥钞、冥器之类之制造或贩卖，以其有关小民生计，本非法所必禁，惟此类物品，既非民生必需，为节约物资，破除迷信起见，官署自得随时予以取缔。例如禁止或限制其制卖是。苟不遵从，即当处罚，藉减无谓之消耗，并于无形中，破除人民之迷信观念。

第四款　乞丐为都市所恒有，原难一律予以禁止，惟不得在通衢之间，出以叫化行动，所谓叫化者，即哀呼或号哭以求乞也。其或行乞时故装残废，冀人邻悯而施舍，则属欺骗行为，尤所必禁，故如不听禁止，即当处罚，盖以其与市容及风俗均有关也。叫化不在通衢而在私宅者，自不在此限。

第五款　书籍杂志或报章一类，内容妨害风化或违反三民主义者，官署例须予以查录，查禁之后，仍陈列贩卖者，自应拘罚，至其是否故意抑或不明内容，则所不问。

第六款　动物不得施以虐待，此为文明国之通例，所以震人道也。动物指一切禽兽而言，不问为供人驱使或食用者均属之。例如对于马牛骡一类，令其作过长时间之劳动，故令其受饥，任意鞭打，不为医病，载客过重，伤残其肢体，或以金革之物擦伤其皮肤。对于猫犬之类，任意鞭打，投以砖石重物或伤残其肢体。鸡、鹅、鸭及猪、羊之类于未杀之前，倒提行于路上，或生去其羽毛，宰杀之时，使过受痛苦，或生予脔割等是。遇有上述情形，自应先施劝阻，不听即应拘罚，以养成人民仁爱慈祥之美德。

本条各款之处分，或为拘留，或为罚锾，惟第四款似可改易为罚役，以乞丐一类，并无职业，自应使其从事劳动服务为宜也。

第六十七条　有下列各款行为之一者处二十元以下罚锾或申诫。

(一)于公共建筑物或其他游览处所任意贴涂画刻有碍观瞻者。

(二)于公园或其他游览处所攀折花果草木者。

释义：

第一款　公共建筑物或游览处所，皆为公众游览憩或瞻仰之处，自不得施以有碍观瞻之行为，如贴纸涂写、绘画，或雕刻等，皆所必禁，至其贴涂之物,是否有美术价值,则所不问。

  第二款 公园为众游憩处所,花果草木,自不容任意攀折,以重公德,违应处罚,自无疑义。所谓攀折者,应从广义解释,即包括践踏花木或摘取果品等,皆为当然解释。

第四章　妨害卫生之违警

第六十八条　有下例各款行为之一者处七日以下拘留或五十元以下罚锾。

（一）未经官署许可或不按规定之限制售卖含有毒质之药剂者。

（二）于未经官署许可之处设置粪厂者。

（三）于人烟稠密之处晒晾堆置或煎熬一切发生秽气之物品不听禁止者。

（四）售卖春药或散布登载其广告者。

（五）以邪术或其他不正当之方法医治病伤者。

（六）出售药品之店铺于深夜逢人危急拒绝卖药者。

前项第一款至第六款之违警并得停止其营业，第二款之违警，并得勒令其歇业。

释义：

第一款　含有毒质之药剂例如毒鼠之药、安眠药、砒霜以及各种麻醉药品，其出售概须遵照规定办法。依国府二十年十一月公布之"修正麻醉药品管理规则"，包括供医药或科学用之鸦片、吗啡、高根、海洛因及其同类之毒性品或化合物。是项麻醉药品之入及分销，均由内政部指定总经理机关负责办理，各省市政府应指定药房经管分销事宜，分销机关购运麻醉药品时，每次应由省市政府发给凭证，分销机关不得将原包拆改，出售价格不得任意抬高，出售之对象以各医院医师或医学校为限，并须先用书面申述理由，签字盖章，始得发售，医院或学校每次购用重量不得逾五十克,医师购用不得逾十克。

以上均为官署所规定之办法,故凡有违背规定而擅自发售者,自应以妨害公共卫生论,而科以违警司各物亦得予以没收。其已否贻害于人,则所不问。

第二款　粪厂之设置须在官署许可处所,盖粪厂为储粪或炼粪所在,气息自属恶劣,若任其随意设置,势必与公共卫生有害也。

第三款　一切发生秽气之物类,如牛粪、羊粪、人尿等,其晾堆置或煎熬(煎熬人尿作化学用途为常有之事),均须选择人烟较少地方,以免秽气之传布四邻,故若所在地不宜者,应先予禁止,如不听则应以违警论,至其晾煎熬之方法,是否适宜,在所不问。

第四款　春药一物,系以不正当方法,刺激人类之色欲,其为触犯法令,自无疑义,有时所出售之物虽未必即有上述作用,而经售者已先作有广告鼓吹,此类广告亦属非法,故无谕出卖者,登载广告者,以及散布广告者,均应处以违警之罚,该药之应没收,更不待言。

第五款　医治病伤用邪术或不正当方法者,自属违法,社会中常见之所谓"祝由科"治病一类,即所谓邪术也。科学时代,原不宜有"邪术"二字,邪术云者,盖指假托神佛或以符咒之类治病而言,非谓其必有妖异之术也。至其他不正当方法,凡违医学常理,显然无医病之可能者,皆属之,例如捉牙虫之类,此亦在所必禁,以其不特讹财,且贻误人之疾病也。

第六款　店铺营业,皆有一定时限,惟药铺则属例外,盖药铺经售药品,或遇危急症候,即深夜亦出售,以其负有此种义务,故违反者,应予处罚。惟对于非危急需用之药仍得拒绝,盖非危急需要,故不妨于翌晨购置,若此类交易,夜间接踵而至,药铺中人,将永无睡眠之机会矣。

以上各款之违警行为,除应依第一项规定处罚外,并得按其情节,酌予停业处分,至第二款粪厂之设置处所,有碍公共卫生,自非暂停营养所能矫正,故得予以勒令歇业之处分。

第六十九条 有下例各款行为之一者处五日以下拘留或三十元以下罚锾。

(一)应加覆盖之饮食品不加覆盖陈列售卖者。

(二)有关公共卫生之营业其设备或方法不遵官署之规定者。

(三)售卖非真正之药品者。

(四)开业之医师、助产士无故不应招请或应招请而无故迟延者。

(五)任意排泄污水妨害公共卫生者。

(六)无故停尸不殓或停厝不葬不遵官署取缔者。

前项第一款至第四款之违警并得停止其营业或勒令歇业,第五款之违警为工厂作场澡堂者亦同。

释义:

第一款 饮食物不加覆盖,易于招致蝇类之传染病菌,此为一般之常识,违者应予处罚,自无疑义。惟此中有两要件,第一该食品必须为应加覆盖者,若有硬壳之食物,必须煮熟而后可食者,似不在此限。例如生蚝生鸡蛋之类,不能责令必须加以覆盖。第二该饮食物,必须为陈列售卖者,若非陈列售卖,仅为自己食用,则与公共卫生无关,可予劝导,而不能处罚。

第二款 有关公共卫生之营业,例如饮食店、浴室、发室、冰厂、热水店一类,其设备或方法,官署多有规定,俾不至贻害社会,如有不遵此项规定者,无论其原因为何,均应处罚。例如浴室之浴巾用后须加消毒,理发匠不得为客挖耳洗眼等,不遑枚举。

第三款 药品不问效力如何,亦不问是否确能针治此病,要之必须属于药品一类,有医药上之作用者,若售卖之物,根本即非药品,而托为药品出售,或假托他种药品之名称而出售,如此类事,诈欺之罪小,贻误病家之患大,故特设本款以处罚之。

第四款 医师或助产士(即接生之医士),本济世之旨,皆有救济病人之义务,非他种营业之纯为牟利起见。故如有人招请,非有正当理由,虽在深夜,亦不得无故拒绝,若无故迟延不赴,此不但为违反道德,抑且违反法令,此类事以名医为多,盖名医多故意矜持身份故也。是以特设本款以处罚之。惟此类医师或助产士,必以正式开业者为限,若并未开业,仅有行医之资格能力,则不能负此义务也。

第五款 污水排泄宜有一定处所,若任意倾倒,即使不溢积道路,亦属有碍公共卫生,故设本款以规定其罚则。惟污水倾倒处所,亦不必以阴沟为限,盖普通城乡人家,未必皆有阴沟设备也。故其倾倒处所,只须与公共卫生无碍,即不为违警,例如倾污水于农田荒野或无人居留往返之处是。

第六款 停尸不殓,最为恶习,尸身经过二十四小时后,必易腐烂发臭,故无论为火葬、土葬、水葬,要之必须迅速处置,通常应以死后二十四小时为收殓时限,过此即非所宜。又停棺厝置,不予葬埋,亦为有碍卫生,故官署对此,亦应定以取缔办法,即限令其在若干时日内埋葬是。如违即应处罚,惟本款条件有"无故"二字,若有正当理由,例如因贫不能殓葬,或觅地未得,均可作为理由,至于信仰择日择时或风水堪舆等迷信之说,以致迁延不予殓葬,似不能作为正当理由,遇此情形,应先予劝告,如不听再行处罚,以别于完全一无故者而言。

上述第一款至第五款之违警行为对于公共卫生均有甚大妨害,故除依第一项处罚外,并得斟酌情形,予以停业或歇业处分,以示惩戒,以免其继续贻害于社会。第五款任意排泄污水之行为,虽系出于工厂作场(例如屠宰坊)、澡堂,亦应同样处罚,盖以上三种营业,虽有排泄大量污水之必要,亦不得任意为之也。

第七十条 有下列各款行为之一者处三日以下拘留或二十元以下罚锾或罚役。

(一)污秽供人所饮之净水者。

(二)毁损或壅塞明暗沟渠或经官署督促不行疏浚修改者。

(三)装载粪土秽物经过街道不加覆盖或任意停留或不遵守官署所定之时间者。

(四)于工商繁盛地点任意停泊粪船者。

(五)于道旁或公共场所任意设置粪坑缸、畜舍得遵官署之取缔者。

(六)垃圾秽物不投入一定容器处所或滥泼污水者。

(七)任意弃置牲畜尸体不加掩埋者。

释义:

第一款 供饮之水与供灌之水,用途不同,后者稍有污秽,尚无大害,前者一有玷污,将致疾病丛生,贻害不可胜言,故凡污秽供人所饮之净水者,自应处罚,至其污秽方法如何,则所不问,是否故意,亦属无关,污秽之程度如何,亦不成问题也。

第二款 沟渠为排泄水流之用,无论明暗,如有施以毁损或壅塞行为,皆属妨害公共卫生,自宜处罚,毁损及壅塞之程度如何,原因如何皆所不问。又私有沟渠,如有发生故障之处,自应即时疏浚修治,不容迁延怠忽,以免淤积流溢,妨及大众卫生,故如不遵官署命令,迅即修治,自行予以科罚,科罚以后,仍予责令修治,或代为修理,而令出修理费。

第三款 粪土秽物装载转运于街道时,应加以覆盖,以免臭气之外播,并免有倾泼情事,又转运时,自不得无故停留于街道中间,使经过之人,发生厌恶心理,至装运此类粪土秽物时间,官署多有规定,大都市中尤属必要,通常应于深夜或天甫明时为之,以此时街上行人较少故也。不遵禁令者,应即处罚,自无疑义。

第四款 粪船停泊地方,最为人所厌恶,工商繁盛地点,人口比较稠密,非粪船所应停泊之处,设无正当原因,自不得任意停泊,违则处罚,亦无疑义。

第五款 粪坑、粪缸(非正式之厕所)、畜所(例如鸡埘马厩)之设置,皆应避免勿在道旁或公共场所设之。盖此两处,为人所当经之地,于公共卫生,殊多妨碍,故通常应以设置于荒地为宜。

第六款　都市中每一里巷,多设有垃圾箱,公共场所亦然,垃圾秽物,必须投入其内,若不投入其内,而任意弃掷,即属违法。又污水之倾泼,与前条第五款所谓排泄者不同。排泄指大量污水须经一定沟道者而言,此指普通人民之泼水行为,如不妨碍公共卫生,即滥泼亦属无碍,惟若因滥泼之故,倒入或泼入邻居或街头,即属有害公众,故应处罚。

第七款　牲畜尸体,无论其为牛马羊猪以及人家死鼠,皆不得任意抛弃,不加掩埋,以免腐烂发臭,至牲畜之死因为何,则所不问,至虫类尸体,如蛇蝎蝇蜂,是否亦包括在内,未有规定,大抵当以形体之大小数量之多寡定之耳。

第七十一条　有下例各款行为之一者处二十元以下罚锾或申诫。

(一)于公共场所或公众得出入之场所或公众乘坐之车船航空器内任意吐痰不听禁止者。

(二)跨街晒晾衣被或其他物品不听禁止者。

(三)于道路或公共处所任意便溺者。

释义:

第一款　任意吐痰,最为恶习,招致病菌之蔓延,莫此为甚。若系在私宅中为之,则祸由自取,法律自不加究问,但如吐痰之处,系公共场所,车船飞机以及公众得出入之场所,将予处罚。此处所谓吐痰,依广义解释似亦包括鼻涕在内。

第二款　晒晾衣被等物,自应于宅内为之。若跨街晒晾,则有碍观瞻,且妨卫生,故如不听禁止,应予处罚。

第三款　便溺指大小便而言,道路或公共处所,不容任意便溺,已属必具之常识,无先加禁止之必要,故得径予拘罚。

第五章 妨害公务之违警

第七十二条 有下例各款行为之一者处七日以下拘留或五十元以下罚锾。

(一)于公务员依法执行职务时聚众喧哗妨碍公务进行者。

(二)于公务员依法执行职务时以不当之言论行动相加尚未达强暴胁迫或侮辱之程度者。

(三)对于官署张贴之文告加以损坏污秽或除去尚非意图侮辱者。

释义：

第一款 公务员依法执行其职务时，任何人不得加以妨碍，故聚众喧哗，致妨公务进行，应予处罚。"公务员"依《刑法》第十条之解释，指依法令从事于公务之人，包括官吏及自治团体职员等在内，本款之要素，在被妨碍之人，必须为公务员，且须在依法执行职务之时，若公务员非在执行职务，或虽执行职务，而并非依法之行为。则虽向之聚众喧哗妨其进行，亦不得科以违警也。至聚众喧哗之原因如何，则所不同，盖人民对公务方面，如认为不满。自可依法提起愿或诉愿。自不得以任何不法手段干涉也。

第二款 《刑法》第一三五条规定，对于公务员依法执行职务时施强暴胁迫者，处三年以下徒刑。一四〇条有公然侮辱公务员之处刑。本款所规定即为未达强暴胁迫或侮辱之程度，而仅系以不当之言论行动相加者而言。所谓强暴即直接或间接对公务员身体施以暴力，尚未至伤害者，所谓胁迫，即以不法之加害为威吓之谓，所谓侮辱，即轻蔑使其难堪是，例如嘲笑詈骂，此皆刑法之罪名也。故若单纯以不当之言论行动相加者，例如以无理之言，絮聒不休，无故停留不去等，凡足以妨害公务员执行职务，而尚未至强暴威胁或侮辱者皆属之，所以别于刑法也。惟本款与前款相同，亦系指对于公务员依法执行职务之时而。若非依法，虽为执行职务，亦不在此限。例如司法警察未奉拘票而擅行拘捕非现行犯，或以教育局长地位，而出外搜索烟赌，或在执行职务之后，例如散值回家之顷，此时此人，无论加以何种妨害行为，皆不能构成刑法妨害公务罪，以及本条各款之违警行为也。

第三款 《刑法》第一四一条定有"意图侮辱公务员或公署而损坏除去，或污秽实贴公众场所之文告"之罪刑，本款所规定，为虽有此项行为，而尚非意图侮辱者。亦所以别于刑法也。所谓损坏，指破坏文告或致令不堪用者，包括有形毁损及无形毁损，前者如撕毁，后者如涂抹，所谓除去，指变更其现在场所，如扯下或加以遮蔽是，所谓污秽，指变更文告之外观，使其尊严为丑恶是。文告即官署之告示，无论其为文书或图画，亦无论其为通告、布告均属之。张贴即已经揭贴者，其损坏等行为之原因动机，苟非出于有意侮辱，即为违警行为，所以维护官署文告之尊严也。

第七十三条　于官署或其他办公处所任意喧哗不听禁止者处二十元以下罚锾或申诫。

释义：官署指正式之国家行政机关办公所在地，"其他办公处所"则为官署以外之合法办公地，此类地方，皆保持严肃与秩序，故任意喧哗，即应予以禁止，禁止不听，即应处罚，至其时间是否正在办公，则所不问，盖本款之客体为官署或办公处所，而非公务员，故不以办公时间为限也。

第六章　诬告伪证或湮灭证据之违警

第七十四条　向警察官署诬告他人违警者处七日以下拘留或五十元以下罚锾。

释义：

《刑法》第一六九条定有"意图他人受刑事或惩戒处分向该管公务员诬告"之罪刑，本款所规定者，纯为诬告他人之违警行为，所以别于诬告他人犯罪，或使他人受其他惩戒之处分也。本条之要素，第一，为诬告，诬告者，明知其事之虚伪，而故为申告之谓也。例如明知某甲并未贩卖禁书，而故意告发其贩卖禁书是也，若告发系出过失或误会，则不能以诬告论。第二，诬告必须为本法分则各条所规定之违警行为，否则不能以触犯本款论。第三，诬告必须向警署为之，若非向警署诬告，则无论向私人或大众申告，皆不为诬告，至于诬告他人违警之动机如何，则在所不问，并不以意图使人受违警处分为条件，即使出之戏谑之意思，亦构成本款之行为，又刑法对于诬告尊亲属者，定有加重之条文（《刑法》一七〇条），本法则未有规定，无论诬告何人，皆同此罚，惟必须诬告一特定之人，若泛指有人违警，而未指实何人，则亦不能谓之诬告也。

第七十五条　有下例各款行为之一者处五日以下拘留或三十元以下罚锾。

（一）关于他人违警向警察官署为虚伪之证言或通译者。

（二）藏匿违警人使之隐避者。

（三）因曲庇违警人伪造、变造、湮灭或隐匿其证据者。

因图利配偶五亲等内之血亲或三亲等之姻亲而为前项各款行为之

一者处以申诫或免除其处罚。

释义：

第一款　即《刑法》第一六八条所谓伪证罪也。惟刑法所谓伪证系指对司法案件之伪证而言，此则单纯指违警之伪证。本款之主体，为证人或通译，其所证明或传译之事件，必为有关他人之违警者，且必须向警察官署为之，其所陈述必须为虚伪，虚伪即故意不为真实陈述之谓，若因疏忽或误会而致供述不实，则不在此限。至此种虚伪陈述，已否造成不正之裁判，则所不问，只须其陈述者，确系虚伪，且确系故意之已足，其是否有诬陷或曲庇他人之特别目的，亦不问也。

第二款　即《刑法》第一六四条所谓藏匿犯人罪也。惟刑法所指者，为藏匿犯罪之人，此则为藏匿违警之人耳。藏匿指隐匿违警人于一定之处所不使发觉之谓。隐避指藏匿以外之其地方法，使其隐蔽逃避，不易发现之谓。例如他人违警发现，通知即速逃亡是所藏匿或隐避者，必为违警之人，至其违警行为，已否发觉或已否确定裁决，在所不问。惟藏匿之人，必确有故意使其逃避处分之意思，若因他故藏匿，即不得为触犯本款也。

第三款　即《刑法》第一六四条，所谓湮灭证据罪也。惟刑法所规定者，为湮灭刑事案件之证据，而此则指违警事件耳。伪造谓捏造证据，变造谓就真正之证据加工改造而变更其效果，湮灭谓使证据之本体丧失，隐匿谓藏匿证据使其不易发现。以上行为必须目的在曲庇违警人起见，若并非曲庇违警人，而出之怠忽误会，则不构成本款行为，盖本款所规定，纯为就其意思而推断其处分也。

本条第二项之规定，为前项一、二、三各款所定处分之减免条件。盖前项各款之行为原属应罚，然行为人与违警人相互间，若为密切之关系，则捏造证词俾其脱卸处分，隐匿其踪迹或湮灭其证据，皆属情有可原，故特设减免之规定，仅予申诫，或并申诫而免除之，亦法律不外人情之意也。本项所称配偶，指夫或妻而言，未婚者不在此限，妾亦不在此限。所称五亲等内之血亲或三亲等内之姻亲，应依《民法》九六七至九七一各条之规定。血亲谓己身所从出，或从己身所出，或与己身出于同源之血亲（《民法》九六七条），己身所从出者，如父母、祖父母是，从己身所出者，如子女是。与己身出于同源之血亲，如伯叔兄弟是。以其均有血统关系，故源称血亲。血亲亲等之计算方法，直系血亲，从己身上下数，以一世为一亲等，例如父母为一亲等，祖父母为二亲等，子女为一亲等，孙为二亲等是。旁系血亲则由己身数至同源之五亲等内之血亲（数字表示亲等，下同）。

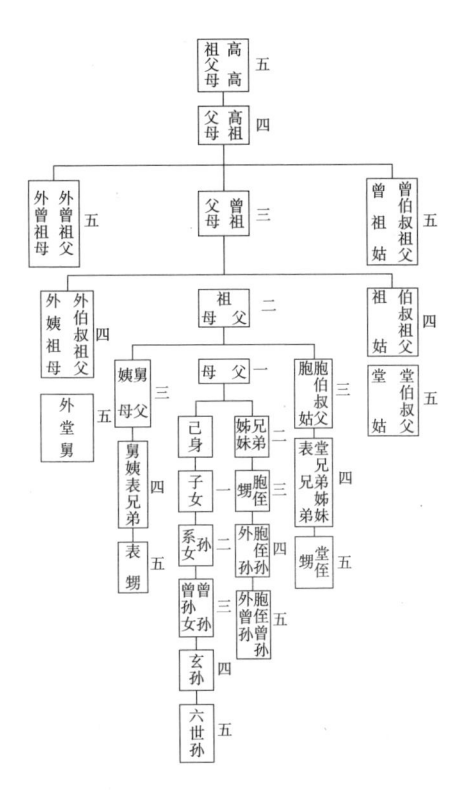

```
                    高祖父母 五
                       │
                    高祖父母 四
                       │
          ┌────────────┼────────────┐
        外曾            曾           曾
        曾祖            祖           伯叔
        祖母  五        父母 三      祖父姑 五
          │              │              │
       外伯叔          祖              伯叔
       姨祖父母 四    父母 二         祖父姑 四
          │              │              │
        姨舅           父母 一         胞伯叔姑父 三
        母父 三          │              │
          │     ┌───────┼───────┐      │
        外堂    己身    姊妹兄弟       表堂兄弟姊妹 四
        舅 五    │         │           │
                子女 一   胞侄甥 三    堂侄 五
        舅姨     │         │
        表兄弟 四系孙女 二 外胞侄孙孙 四
          │      │         │
        表甥 五 曾孙女孙 三 外曾胞侄曾孙 五
                 │
                玄孙 四
                 │
                六世孙 五
```

直系血亲，再由直系之同源血亲，数至与之计算亲等之血亲，以双方所得世数之和计算亲等（《民法》九六八条），例如胞伯叔，先由己身数至同源之祖父母为二亲等，再由同源之祖父母，数至胞伯叔为一亲等，共为三亲等。本项规定以五亲等内之血亲为限，若在五亲等以外，即不

在减免处分之列,兹将五亲等内之血亲,列表如次,以资参考:

又同项所称三亲等内之姻亲其解释如下:

称姻亲者,谓血亲之配偶,配偶之血亲,及配偶之血亲之配偶。此种亲属关系,系基于婚姻关系而发生,非若血亲之由于血统而发生者,故曰姻亲。血亲之配偶,如继母、伯叔母、姑丈、舅母及媳等是;配偶之血亲,如翁姑、岳父母、妻之兄弟等是;配偶之血亲的配偶,如襟兄弟、内侄媳等是。其亲等之计算方法,血亲之配偶,从其配偶之亲等,例如继母从父之亲等计算为一亲等,胞伯叔母、胞伯叔父之亲等计算为三亲等是。配偶之血亲,从其与配偶之亲等,例如翁姑从夫与其父母之亲等计算为一亲等,岳父母从妻与父母之亲等计算为一亲等是。配偶之血亲之配偶,亦从其与配偶之亲等,例如襟兄弟应依妻与其胞姐妹之亲等计算为二亲等是。本项规定为三亲等内之姻亲,逾三亲等即不在减免处分之列,兹再列三表如次,以资参考:

第一表　三亲等内之姻亲(血亲之配偶)

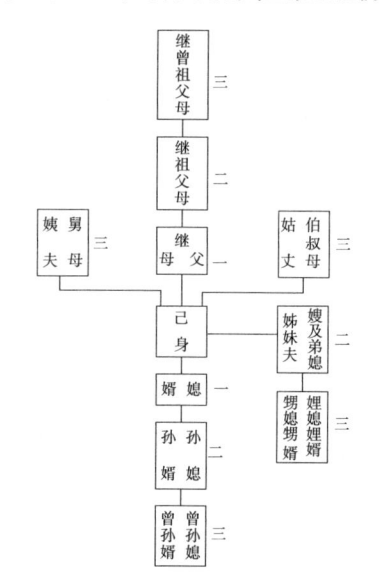

第六章　诬告伪证或湮灭证据之违警　103

第二表　三亲等内之姻亲（配偶之血亲）

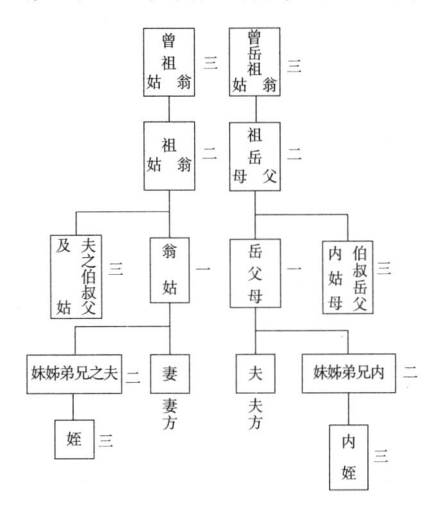

```
         曾祖姑翁 三      曾岳祖姑翁 三
              │              │
            祖姑翁         祖岳姑父母 二
              │              │
    ┌─────────┼──────┐   ┌───┼──────────┐
  夫之伯叔    翁姑 一   岳父母 一   内伯叔姑岳父母 三
  父及姑 三    │         │            │
    │        妻方       夫夫方      妹姊弟兄内 二
  妹姊弟兄之夫 二                        │
    │                                 内姪 三
   姪 三
```

第三表　三亲等内之姻亲（配偶之血亲之配偶）

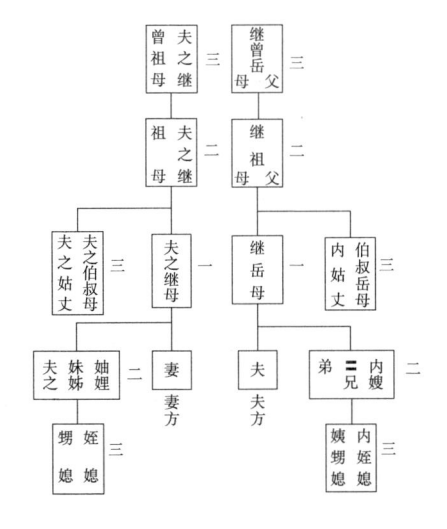

```
         夫之曾祖继母 三    继曾岳祖母父 三
              │                │
           祖夫之继母         继祖岳母父 二
              │                │
    ┌─────────┼──────┐     ┌───┼──────────┐
  夫之姑丈  夫之伯叔继母 三  继岳母 一  内伯叔姑岳丈 三
  夫之姊妹 三    │            │            │
    │         妻方          夫夫方       弟兄 二 内嫂
  夫之甥姪媳 三                              │
                                        姨甥内姪媳 三
```

第七章　妨害他人身体财产之违警

第七十六条　有下列各款行为之一者处七日以下拘留或五十元以下罚锾。

(一)加暴行于人或互相斗殴未至伤害者。

(二)无正当目的而施催眠术者。

(三)对于未满十四岁之男女使服过分之劳动者。

释义：

第一款　《刑法》第二七七条定有伤害之罪刑，凡加暴行于人或互相斗殴而未至伤害者，则为违警。暴行指强暴之行为，侵犯他人之身体而言，互相斗殴指不分曲直无自卫可言者。此类行为，不必在公共场所或道路为之，即私宅中亦同样处罚，盖以其侵害他人之身体故也。未至伤害者指对方之身体，尚未遭损伤而言，损伤兼指身体之内部及外部在内，若已有伤痕之发现，或其身体内部任何方面，受有损害，对方即为刑事嫌疑犯，应送法院处理之。

第二款　催眠术之行使，使人暂时丧失其知觉而听受催眠者之指挥，自为妨害他人之身体，故非有正当之目的，不得为之。例如为医学上治病之故，即为正当原因，若以他人身体为试验其催眠技术，则非得其承诺，似不能视为正当目的，至若虽得对方之承诺，而其动机仍为不善者，亦不得以正当目的论。

第三款　我国《工厂法》规定凡未满十四岁之男女，不得雇用为工厂工人，盖此时体格尚未发育，国民教育，尚未完成，非所以维护其身体，亦足以阻社会经济之富力也。故本款所规定者，系工厂以外之其他劳作，对于十四岁以下之男女，仅能使任极轻微之工作，而时间亦不宜过久，含有危险性之工作，尤不得令其担任，此国家慈幼之政策也。至该童子与其主人系何种关系，概所不问，即无论其为雇主与仆人之关系，亲属之关系甚至父母子女之关系，均非所问。要之不得使服过分之劳动而已，至何者为过分，何者非过分，则当以常识判断之，非可以拘泥一格也。

第七十七条　有下例各款行为之一者处五日以下拘留或三十元以下罚锾。

（一）无故强人会面或跟随他人经阻止不听者。

（二）污秽人之身体或其衣着者。

（三）拾得遗失物不送缴警察官署或自治机关，或不揭示招领者。

（四）解放他人之动物船筏或其他物品未致散失者。

（五）擅自采折他人竹木、菜果、花卉尚未构成犯罪者。

（六）强买强卖物品几近要挟者。

释义：

第一款　会面为人之自由，强人会面，已属不应，若无故强人会面，自更妨害人之自由。所谓"强人会面"，无论采何手段，是何动机，凡逆反他人之意志，勉强使其会面，亦无论其曾否达到会面之目的，要之皆惹人厌恶之行动，经阻止而不听，即当以违警论。

无故跟随他人者，其惹厌亦同，跟随他人不必有侦伺窥察等之意思，但追踪他人之后，确有跟随之意思，而经阻止不听，即为违警，若偶然同在一处行走，自不得以跟随论。至跟随之地点，以及跟随之久暂，均可不问。

第二款　他人之身体及衣着，加以污秽，自属不法。身体包括任何部分，衣着包括衣帽鞋袜等，必须穿在身上者。污秽之方法及程度，均所不问,是否出于故意或过失,亦所不论,要之凡未得其承诺而施以污秽者,即为违警,如属过失,自可减轻处罚,惟亦不得免除耳。

第三款 《民法》第八〇三条规定:拾得遗失物者,应通知其所有人,不知所有人或所有人所在不明者,应为招领之揭示,或报告警署或自治机关,报告时,应将其物一并交存。如拾得后六个月内无人招领,该物即归拾得人所有。依此规定,则凡拾得遗失物之人必须采用下列三种办法之一,第一,送交当地警署,由警署招领,第二,送交当地自治机关如保甲长办公处等,由该处招领,第三,由拾得人自行揭示招领,或登报或揭贴通衢注明物名及招领地点。以上所称遗失物,自以有相当价值确系他人遗失者为限,若他人所抛弃之废物,自不在此例,违反上列之送缴或招领规定者,即应以违警论,除处罚外,并应令其缴出其所拾得之物,由警署依法招领之。

第四款 他人之动物船筏或其他物品,曾经紧缚者,自不得任意予以解放,否则虽未致于散失,亦属妨害他人财产之行为,故应以违警论,若已散失,则被害人可向法院诉请赔偿。

第五款 他人之竹木、菜果、花卉等,皆有物权之存在,若未经准许,擅行采折,苟系意图为自己或第三人不法之所有,即应构成《刑法》第三二〇条之窃盗罪,惟若并无此种窃盗意思,仅系出于过失,或无意中之行动,或以其障碍路线,而拆除之,则应以违警论罚,所以别于刑法上之犯罪也。

第六款 买卖物品,系人之自由权,强买强卖,自所不许,行政机关,必要时得对人民所有物,施以惩罚,然必须确有证明之公文,普通人民决不能任意侵犯他人之意志自由,故如他人不愿买而强之卖,不愿卖而强之买,即属违警所谓迹近要挟者,指强买强卖之行为,形迹之间类似有挟而求,例如威胁勒迫或加他人以精神上之痛苦,使其非买非卖不可者,若系出于哀恳之行为,则尚非侵犯他人自由可比,自不能以本款论罚也。

第七十八条 有下例各款行为之一者处三日以下拘留或二十元以下之罚锾。

(一)无故毁损他人之住宅题志、店铺招贴或其他正当之告白或标志者。

(二)于他人之车船房屋或其他建筑物任意张贴或涂抹画刻者。

(三)于他人之地界内擅自挖掘土石或戽水不听禁阻者。

(四)于他人之山荡内擅自采薪、钓鱼、牲畜不听禁阻者。

(五)践踏他人之田园或纵入牲畜者。

释义:

第一款 他人之住宅题志,例如门牌号及姓氏牌等,无论纸制、铁制,皆属他人所有,无故自不得施以毁损,毁损包括涂改、拆除、撕破或污秽等而言。店铺招牌为营业之牌号,自亦同此一例,至其他正当之告白或题志,无论为私人的商店的(官署告白不在此例),亦无论系用纸制、木制,系绘划或书字,要之凡属正当的,皆不能施以毁损,非正当之告白,例如谩骂诽谤之言语,以及其他非法的措辞,自不在此限。又如此项告白、题志等张贴地方,不合规定,侵犯他人之界限,则内容虽属正当,施以毁损,亦不得谓为违警。

第二款 车船房屋或其建筑物,不问属何种类,苟属他人所有,即不得在其上,任意有张贴涂抹或画刻之行为,至张贴、涂抹、画刻之内容,是否正当,概所不问,盖张贴等行为,如属正当,只能在自己地方或公共处所为之,不能侵及他人之所有物也。

第三款 《民法》第七七三条规定:"土地所有权,除法令有限制外,于其行使有利益之范围内,及于土地之上下",是则土地所有权系包括该地之一切土石水流在内,任何人不得施以侵害,故若在他人地界,擅自挖掘土石或戽水,未经其许可,经阻止而不听者,自得以违警论罚,至其所取之土石及水量之数置若何,及其已否取去,则所不问。

第四款　依《民法》第七九〇条规定:"土地所有人,得禁止他人侵入其地内,但有下列情形之一者,不在此限:(一)他人有通行权者,(二)依地方习惯,任他人入其未设园障之田地、牧场、山林,刈取杂草,采取枯枝、枯干或采集野生物或放牧牲畜者。"依此规定,则非有通行权,或地方习惯,自不得在他人之山荡内,擅自采薪、钓鱼、牲畜。所谓山荡,包括山地、荒地、溪流等在内,地上之树木草卉以及水中之鱼类,皆包括于他人所有权之内,任意采取或牲畜,自为侵害他人之财产,故若经禁阻而不听,即应以违警论罚,其所以必须先经禁阻者,恐侵入之人,或误会以为系公共之所有物也。

第五款　本款之规定,与前款不同之点,在前款为采取薪草及牲畜,本款则尚未有此行为,仅为践踏他人之田园,或纵入牲畜,践踏及纵畜,纵未必即致他人以损害,然究属侵犯他人之所有权,故若未经许可,即应处罚。

附　　则

第七十九条　本法施行日期以命令定之。

释义:

法律经公布后,有即时发生效力者,有在法律条文中确定一施行日期者,亦有以命令定其施行日期者,本法即采第三种之办法也。

国民政府于三十二年九月三日明令云:

兹制定《违警罚法》公布之此令。

《违警罚法》,定自民国三十二年十月一日起施行,其在民国十七年七月二十一日公布施行之《违警罚法》,并着同时废止。

是本法已于三十二年十月一日发生效力,旧法亦于同日作废矣。

附录　修正办案须知

(甲)报案

一、人民猝遭非常危害(如杀伤、强盗等)，急向警察报告时，如离局或分驻所近者，立即引导其到局或分驻所口头报告，如相离甚远者即由警察用电话(就近借用商店电话)报局及分驻所。局与分驻所接到报告，应察酌案情之重轻，局长或局员或巡官，侦探(办案时，局长得直接指挥侦探，侦探得直接指挥警察)率长警驰往查勘检验，并电告司法科，速派指纹、摄影等侦探技术人员，驰往搜寻指纹痕迹或犯人遗留对象，不得延误。

二、报案者，如认识现行犯，能指出其相貌，或所失赃物，有特别标记可一望而知者，务速由局或分驻所电告各局、各分驻所暨司法科、侦探队，在城门、车站、轮埠一体兜截，切勿先要分驻所办公文辗转呈报，坐误时机，致使人犯远逃(同时由局或侦探队油印通告单分发亦可)。

三、如有人向分驻所告人侮辱、诈欺等普通刑事案件，该所应查明摘要纪录，送局核办。

四、如有人因口角(如买卖相争等)细故或相扭到分驻所者，巡官可先为之排解，如其排解了事，只须报局备案。如不服排解，应于一小时内，由分驻所填简明单报局核办。

五、警局门岗，对于来报案之人，应立即引导其至局员收案之处，(宜仿邮政局，或于办公室制定一格为收案处，指定局员直接收案)。如有呈状者，既就收案之处盘问之(目不识字者，托人代做呈状，其文字每与事实不符)。如无呈状者，即照其口头报告，由录事照录，对其朗读

（能写字者，亦可临时命其自写）。令其签名、画押，或盖章，或加盖店戳，如不能写字者，得捺印指纹以代之。

六、对于来告之人，即于办公室收案处详加盘问（切勿动辄用开庭形式，使来告者久候）。察其虚实，如其来历不明，又无确切证据时，得命觅保人具结，负随传随到之责，然后再派便衣员警，或会同侦探，向被告方面秘密侦查。在未查实以前，万不可即凭一面之词，遽往搜索拘捕，以防诬告良民（拘传搜索，须参酌《刑事诉讼法》各项规定办理）之弊。

七、警察本有指导人民之责，如所告系属军人，或属民事范围（告诉人每有将民事故意改作刑事者），宜即指导其径赴主管机关告诉，切勿受其混蒙，误行受理。

（乙）搜捕押解

八、巡官、侦探及长警等，见有（1）现行犯（2）通缉有案者，应立即拘捕，得直接送局，径向局长或收案之局员口头报告，由录事照录报告表，或命自写（宜预印成获犯报告表式，临时填写之）。由获犯之员警签名盖章（此即代替以前分驻所报解文）。但侦探获犯交局，应即补报侦探长及各该组主任，如系长警将人犯拿解局后，应补报分驻所巡官，以资接洽。

九、凡遇口角纷争、扭殴等轻微违警，岗警应以排解息事为原则，如果不服，再行带所，倘分驻所排解不能了结时，照第四条办理。

十、入室搜查赃证及拘人时，得命在场眼见之人作证，取具并未取及案外物件之证明书。如取赃证若干，即时开单，命被告或在场眼见之人签名证明。

十一、凡查户口或因其他公务发见人有犯罪嫌疑时，应一并秘密监视，一并报告局长，另派员警持搜查证搜捕，万不可不先报告，任意入室搜索，以昭审慎。

十二、拘提，押送人犯时，应注意下列各点：

(1)不可侮辱(如命烟犯捧烟盘游行等有碍观瞻者是)。

(2)不可虐待(如打骂，或无施戒具之必要而任意施之)。

(3)如人犯过多，或有抗拒情形，或案情重大，有中途脱逃之虞时，方得酌量使用戒具，但亦不可使其受伤。

(4)当办案时，如有闲人围观，或多数人尾随人犯后行走时，须立即劝散之，以免妨碍秩序及交通，对于最繁盛之街市，如可绕道避免时，务不使人犯经过为宜。

(5)人犯有两名以上时，不准其互相谈话，并不准其向闲看之人说话，以防串供，或唆使湮没证据之情事。

(6)如有被害人或证人同行赴局时，须使与人犯离开，不准其与被告接近说话。

(丙)侦讯处理

十三、局长或局员于获到人犯时，先使原办之员警报告情形完毕，即开始侦查讯问，其侦讯方式分三种：

(1)问被害人，或证人，或情节极轻而有相当声望之违警者。即于办公室收案处讯问之(毋庸捺指纹纸)。

(2)如情节较重之犯，应严讯彻究其同伙或追赃者，则宜至密室严密侦讯之。

(3)如案情明显，证据确凿者，可即出坐公案讯问之。

十四、讯问时之问答(即讯问之话及犯人供词)，俱须纪录，问答供格式，可令录事至司法科查看参照。

十五、讯问既毕，认为有罪应捺印指纹者，应由承审人员认定，饬令捺印存查，暂予看管(同一案之犯，不可同押一间，以防串供)，候决定办法再宣告。

十六、如疑被告前曾犯案，可先捺指纹纸送司法科第三股核对，务于十分钟内,查明签注,交原手带转。

十七、如局员讯问者,应即将讯供情形口头报告局长,并秉承局长核定如下之办法:

(1)违警案件之即决。

(2)刑事案件之解送。

(3)其他案件之处理。

十八、凡遇现役军人犯案者,依下列现定办理。

(1)所犯刑事案件,如系现行犯,得施行逮捕,应即迅速讯明情形,送交军事检察官或该管各级官长讯办(参观《陆海空军审判法》第十九条)。若案情重大(如所犯系反动命盗等案),或被逮捕者系中级以上之军官,应以最迅速方法,报厅核示后,再行处理,或即送厅核转。

(2)所犯刑事案件,如非现行犯,应将所犯情形,通知军事检察官,若案情重大者,以最迅速方法,报厅核转。

(3)所犯情节较轻,或以公事在身,不便扣留者,得讯明情形后,先予释放。

十九、凡遇外国人之违警事件,各局不能处理时,应迅速报厅核办。

二十、凡与宪警互助事件,应依照宪警服务互应遵守规则办理。

二十一、如有下列情形之一者,前呈解本厅讯办。

(1)查获×党及其他反动案者。

(2)查获种运、贩卖、吸食鸦片及其代用品者。

(3)查获抢劫盗匪者。

(4)查获其他之刑事犯者。

(5)关于局中不能解决事项者。

二十二、凡告诉人、告发人、证人等,应饬其在外候传,或命自赴厅院对质,但有规避不到之虞时,或须迅速处理者,得交保候传,或同送候质。

二十三、案经讯问明白，局长或局员应即提集人犯，将问答笔录，由录事明诵，命其签名或画押，或盖章，或捺指纹（如俗称画供），并将庭谕（即决定之办法）宣告之。

二十四、即决违警者，一经宣告，立即执行。

罚金者，当庭缴款，给予收据放行，如不能当庭即缴者，应命其取具保结，定一限期（不得过五日）来缴，到期缴纳时，立即填给收据，亲交本人之手，长警或传达处不得代收代缴，（防其在门首缴款即走，不候收据，使他人疑为无收据，并防经手人留难或浮收罚金）。如已逾期不肯完纳，或无力完纳者，应准依法易科拘留。

（丁）解送及呈报

二十五、凡遇有重大伤害之案，急须解送法院依法侦讯检验者，应先将被害人妥送医院救治，一面由局直接将凶犯填单移送法院检察处办理，以期迅速，并将移单抄本，随同日报表呈应备查，被告之指纹纸，亦应随同捺送，惟从拘获时起至移送之时止，共计不得超过二十四小时（连夜间计算在内）。

二十六、凡呈解本厅之案从拘获时起，至向司法科取收据之时止，不得超过下列之时间。

（1）从浦口起解者，至多不得逾六小时。

（2）从第七局起解者，至多不得逾五小时。

（3）其余各局，俱以四小时为限。

前列之时间，如遇例假或非办公时间，得除去计算，但案情重大不能耽搁者，仍依前限办理。

二十七、各局对于刑事被告人，经讯问后，尚未获有犯罪确实证据，或并无逃亡之虞者，得交保候传，该保人应负随传随到之责，一面再行详细侦查具报，检同保结，填单呈送，免再传人并解，致滋拖累，其遇案内年老有病之人及妇孺。亦如之。

二十八、起获赃物,如有搬运不便或易损坏者(如极珍贵之珠宝饰物),宜先给失主领回,取具领结,随案解送,如失主不急于要领之赃物,而尤足为案中犯罪之证据者,应随案解送,一面通知失主,径向厅核明给领。

二十九、各局应将经办案件,列表送厅(表式依本厅所规定者)。案情较重或与他案有关者,除列入日报表外,仍须将详情另行呈报。

(戊)协助法院

三十、法院检察官,因侦查犯罪指挥警察时,各局所应遵照《检察官指挥司法警察证暂行细则》及本厅迭次训令办理。各检察官未将指挥证出示,或有其他疑问时,须迅速以电话请示遵办(在所则请局示,在局则请厅示)。

三十一、法院推事、书记官、执达员持有正式公文,请求协助民事执行或其他事件时,应依法协助之(下略)。

《违警罚法》:中国警察立法的近代化典范

徐博强　张彩凤

一、《新违警罚法》的立法背景

中国近代以来的西法东渐可追溯至清末。鸦片战争后,西力东侵,国门洞开,内外交困的中国开始了艰难而痛苦的社会转型。这一过程中,"救亡"与"复兴"的现实需要迫使国人在极短的时间内输入西方科学技术及文化观念,就法律制度而言,几乎全盘移植了德日等国即大陆法系相关法律制度,初步形成了近代中国法律体系。与此同时,作为近代化重要成果的《违警罚法》这一前所未有之单行警察立法得以诞生。在此推出的林振镛所著《新违警法释义》①便是当时一部相关研究的代表性注释作品。

(一)西方法治观念与传统儒家思想的碰撞

"彼岁法治之声浪,既洋溢于我朝野之间。继今以往,国家亿万载富强康乐之基。将惟法治焉是赖。"②但是,岂非易事?林振镛认为,成就法治须具备三要素:立法之善、执法之宜及守法之谨。自清末以后,

---

① 商务印书馆印行,1945年出版。
② 林振镛:《新违警法释义》商务印书馆印行,1945年出版,"自叙"。

关于如何拯救中国这一问题上,整个社会卷入激烈论战。严复等接触西方思想观念的新派知识分子,认为中国传统法律制度以封建专制体制为根基,维护皇朝等级秩序,依靠的是统治者个人的仁政。而欧洲启蒙思想中的自由、平等、法治精神,为这些知识分子所推崇,并将其视为西方国家走向富强的根本原因。1903年清政府下令修法时,在国家治理模式的选择上,崇尚西方法治的改革派与坚持传统儒家礼法思想的保守派产生激烈论争。前者试图引入西方的民主法治原则,而不受封建宗法的旧习约束。他们质疑自己的传统文化和制度,特别是以儒家思想为基础的社会规范,主张把道德与法律明确分开,认为二者应当适用于不同的社会领域。诚然,改革派也考虑到中国的社会现实与西方法律制度与思想能否兼容的问题,全盘西化的法律脱离了与其相匹配的社会背景和思想渊源,是否如"淮北之橘",还能否有效发挥其作用。当时有改革派人士在论及法律与道德关系时指出,法律与道德互为表里,在引入西方法治理念和法律制度的同时,需辅以相应的道德治理。而此种道德治理需建立起对法律的信仰与敬重,从而为法治奠定必要的思想伦理基础;此种道德治理并非儒家传统思想中的忠孝仁义,缘其根本上维护的是父权宗法社会的秩序,与建立法治所需要的思想有着至关重要的差异。

　　改革派的担忧最终成为现实。辛亥革命,民国肇造,北洋政府承清末法律改革之余绪,大量出台新法,试图建立西方的法律制度及司法制度,但在当时军阀割据,政局动荡的年代,法治最终未能确立。1919年五四运动,促进了新思潮的蓬勃兴起和深刻的思想解放,传统儒家思想道德的地位受到极大的撼动,根植于皇权社会秩序的旧有价值体系与社会规范迅速瓦解、崩坏,而与根植于自由、平等、天赋人权等西方近代启蒙思想的新的法律制度,却未能如改革派之所愿,确立为新的社会规范体系。1923年,商务印书馆出版了著名法学家周鲠生所著的一本小册子,向民众普及法律常识。在此书中,周鲠生论及法律与道德的关系:法律与道德同属社会规范,但二者处于不同领域,发挥作用的方式不同:法律的权威来自国家,是强制性的;道德是非强制性的,却具有超国家的普世价值。周鲠生也强调道德与法律功能互补,不仅对于法律的实施有所助益,而且能够在法律规定之外发挥作用。现代国家中法治应取代传统的德治,成为维持社会秩序的主要机制,但道德也是这一机制中必不可少的治理工具。

(二)新生活运动的兴起

新生活运动正是在这一社会背景及思想基础上发生的。蒋介石于1934年发起的新生活运动是中国近代史上首次由政府推行的旨在改善国民日常生活、为国家培养合格国民的运动。蒋介石将规训和感召国民,凝聚民心视为社会稳定、民族复兴之要义,在1934年2月5日浙江省政府扩大纪念周上的讲话中明确了新生活运动的基本纲领,即"教养卫":"教"为教导民众礼义廉耻;"养"为规训民众的日常生活习惯;"卫"为训诫民众严守纪律、服从命令。将"新生活"界定为复兴礼义廉耻的传统道德,对国民日常生活做了细致入微的规定,由国家主导,主要依赖党政军机关推行。

1932年1月,国民党各派系暂时结束了多年四分五裂的局面,各派势力互相妥协,建立了南京国民政府。蒋介石任军事委员会委员长,汪精卫任行政院院长,分工合作,蒋汪合流,联合执政。蒋介石行伍出身,在治国理念上,他主张用国家强制力维系社会秩序,规制民众行为,而且十分倚重警察的力量,希望警察和士兵成为社会民众的楷模,使服从命令、遵守纪律的军警作风影响国民。同时,他认为警察是政府的代表,直接面对一般民众,就改良社会习气而言,警察应承担首要责任。作为国民党政府文官领导人的汪精卫,对蒋介石运用政府强制力去推行新生活运动表示反对。他认为警察对于居民生活卫生入室检查是对法律所保障的人民自由的僭越,且新生活运动之内容应属道德规范作用的领域,国家强制力的使用应当审慎,不得滥用法律行政权力。实际上,汪精卫运用西方有限政府的理论,认为蒋介石运用党政军警推行新生活运动与法治精神背道而驰;对新生活运动本身,汪将其理解为道德改良运动,应依靠提高民众个人修养,潜移默化地实现,而不宜用国家强制力督促民众遵守。

虽然,此后蒋介石对于新生活运动的执行方式有所修正,限制了使用国家权力的范围。但蒋介石仍将警察作为规训人民、推行新生活运动的主要力量。并于1934年7月在南昌成立新生活运动促进会,由蒋介石本人亲自担任会长,各地方政府领导都被任命为指导员,确保新生活运动在各地的有效执行。如此,新生活运动成为各级地方官员领导下的政府日常工作的一部分,新生活运动最终摒弃了道德改良运动的形式,成为一个自上而下有组织的国家运动。这次运动前后历时十五年,成为南京国民政府统治时期开展的最大规模、影响范围最广的一次运动。该运动从时间上可分为三个阶段:第一阶段自1934年2月至1935年3月,以"清洁"和"规矩"为目标,目标是实现社会环境的干净整洁;第二阶段旨在实现"军事化""生产化"和"艺术化",从1935年3月之后到抗战全面爆发之前;抗战爆发后,新生活运动转而致力于服务抗战,此为第三阶段。学界普遍认为,20世纪60年代台湾地区进行的"中华文化复兴运动"是新生活运动的延续。

新生活运动是中国近代国门洞开、被迫卷入世界法治大潮,由皇权专制国家向现代民族国家转型的过程中引人深思的一幕。时评将这场运动视为在儒家传统礼法教义崩坏,而现代法治未能建立的状态下维系社会秩序、提高国民素质的有效手段。规制国民行为,提高人民素质,是现代国家治理的任务。

从更大的时间维度考察,自清末到20世纪30年代,近代中国步履维艰的法制化进程中,一方面,匆匆而就、盲目崇拜西方的法律制度并没有获得应有的权威,政府并不能有效执法,民众亦不能自觉守法。另一方面,国民政府未能建立起法律框架内的法治制度,国家权力的运用仍然恣意、绝对,凌驾于法律之上。政府首脑与舆论仍赞同政府应通过德治弥补法律的缺位,以实现封建皇权专制国家向现代法治国家的顺利转型。因而,就新生活运动,他们更多地将其视为传统德治的延续。尽管如此,当时的政治意识形态已经悄然变化,这种通过事无巨细的规制民众日常生活来培养社会公德、强化守法观念从而树立国家统治权威,已经与传统意义上的德治相区别。

新生活运动为民众的行为确立了新的标准,从公共场所的行为规范、待人接物的礼节到个人卫生习惯的细节,对民众日常生活各个方面都有着细致入微的规定。南京国民政府推行"教养卫"政策的警察,借助于新生活运动的推行,在干涉民众日常生活方面更加正当化,警察权日趋宽泛化和细致化。

(三)警察职权的扩张

"违警罚法者,消极的以管制人民之社会生活,积极的以造成优美之公民也。与其视为法令,毋宁目之为良好之公民教科书,每一公民实当持以为立身处世之圭臬,而每一警吏之宜奉为宝典。"[1]新生活运动中官方唯一提及的法律文件即是《违警罚法》,这是近代中国第一部全国通行的专门性治安法律。伴随着该法的演进,警察权尤其是治安处罚权不断扩张。如前文所述,这种趋向与近代国情政局密切相关。西

---

[1] 林振镛:《新违警法释义》,商务印书馆印行,1945年出版,"自叙"。

方法制观念与传统儒家礼法道德的碰撞和挣扎,新生活运动的推行,体现在违警罚法上,也有更加广泛和细致的规范性条文相回应。提及新生活运动的意义,参与1943年《违警罚法》立法的钱定宇指出,"不外乎求礼义廉耻表现于日常生活中,亦即求人民衣食住行,均能合乎整洁、简朴、迅速、确实等条件,凡此种种,均与警察有密切关系,不隶于风俗或保安警察之范围,即属诸卫生及交通警察之领域;且现代警察任务,不惟消极以维持社会安宁之秩序,一切积极负有指导人民生活及增进人民福利之作用。凡一切足以诱导社会向上,及培养国民爱护国家之意识者,皆为警察负有倡导之责任。因此新生活运动之推进有赖于警察者甚多。但过去警察官署对于违反新生活运动之行为,恒无法规依据,致不恪尽其职责。新法为使今后警察实际负起推行新生活运动责任,特将新生活之精神要义,及国家观念,尽量注入分则各条款之内,俾今后新生活运动之推行,除以道德教育之感化诱导外,复辅以法律之纠正,互相为用,藉收宏效"。①

中国近代引入警察制度,主要参考的是德日模式。而德日两国在近代尽管变革较晚,但却通过变革,迅速实现了国家统一,民族复兴,在后发型现代化国家之中,堪称典范。因而两国高度集权的警察制度在近代中国也备受推崇,成为极力效仿膜拜的对象;加之南京国民政府时期"党治""军治"的浓厚行政强权特质,加之外敌环伺、内患不绝、政权频繁更替、社会动荡,这些因素在这特定的时空发生交织。违警罚法作为与民众联系最为密切的一种警察法律,以维护社会公共秩序为主旨,成为一个展示的窗口。这些表象的背后,通过以警察权为代表的行政权力的扩张,进而强化国家对社会的控制,才是终极目标所在。

---

① 钱定宇:《中国违警罚法总论》,正中书局,1947年版,第126页。

二、近代中国违警罚法的立法脉络

中国近代意义上的警察创立于清末,时局动荡,社会治安混乱不堪,当时的戊戌维新派人士倡导设置西式警察。1898年改良派人士黄遵宪在长沙创办的"湖南保卫局",是中国第一个近代意义上的警政机构。在西方法治文明的影响下,警政制度的建立始终与专门警察法规的制定相伴而生。这其中《违警罚法》最具典型意义,缘其堪称治安处罚领域的母法,其立法脉络清晰且绵延达一个世纪之久。

(一)1906年的《违警罪章程》

1906年,清廷制定颁布了《违警罪章程》,仿照《日本刑法》第四章"违警罪"的体例,共五个条文,在其中对26种违警行为加以界定。该《违警罪章程》开创了我国近代违警罚法之先河,也成为全世界首部独立于刑法之外的"违警罚"法典。此种立法模式与立法技术在较长时间内保持在世界领先水平,此后的几部违警罚法也都沿袭了这一模式。然而这部《违警罪章程》堪称粗陋,实为迎合当时民政部——中央最高警政机构——的设立匆匆而就,内容芜杂,东拼西凑,逻辑混乱。很快《违警罪章程》即显现出其不合时宜的弊端。

(二)1908年的《大清违警律》

1907年,《违警罪章程》简陋的五个条文已远不能应对当时复杂的社会治安形势;同时,中国西式警政制度的建立也亟待相应的专门性法律作为配套。而此时,相比清末立法修律初期的立法技术水平低下,清廷的立法已经逐渐步入正轨,趋于成熟。清廷民政部在广泛借鉴各国警察立法经验的基础上,拟定了《违警律草案》,1908年,宪政编查馆审核其内容,作了部分修改,并于同年颁布实施。该法共10章,45条,其编纂体例是按照行为的性质分类设置违警罪,违警行为的数量扩充至86种。该《违警律》所涵盖的内容范围适当,处罚轻重均衡且规定详密。这部违警罚法被立法者寄予厚望,以期"防微杜渐,纳民轨物"。①

《大清违警律》是中国近代史上第一部完整意义上的违警罚法。这部违警律在制定之时广泛借鉴各国有关立法,且在当时《违警律》作为独立于刑法的违警罚法典,此种立法例在世界范围内并不多见,值得称道。尽管如此,《大清违警律》在适用中也遭遇一系列难以解决的问题,其中最显著的是某些内容与先在的、作为基本法的《大清律例》相抵触,对某些行为的处罚重于《大清律例》。此外,《大清违警律》之规定仍显疏漏,如对于抗拒传讯的行为如何处置,并无规定,而按《大清律例》则应入罪。总之《大清违警律》虽为仿照西方法律所创制,仍需与中国当时国情相吻合,尤其应与刑法相衔接,否则适用中必然出现诸多弊端,乃至于应有的效力难以发挥。

此后政治革鼎,满清覆亡,中华民国建立。此后的政权更迭,北洋政府时期及南京国民政府初期,尽管对于警政建设较为重视,但当局对违警罚法的立法并未能够给予足够的关注,因而1915年与1928年的两部《违警罚法》大体而言墨守成法,少有改动。

(三)1915年的《违警罚法》

1915年,当时的立法机构——北洋政府政事堂法制局着手修订清末的《违警律》,起草了"违警罚法案",提交参政院审议并通过,更名为《违警罚法》。这部《违警罚法》共计9章53条,其中总则1章,分则8章,另有附则。

---

① 钱定宇:《中国违警罚法总论》,正中书局,1947年版,第69页。

《违警罚法》与《大清违警律》相比较并无较大变动,主要体现为:首先,名称上改"律"为"法",不仅是称谓的变化,同时对"违警行为"不以犯罪论,实际上区分了犯罪与"违警"的不同性质,借鉴、吸收了大陆法系先进的立法理念。其次,总则中关于承担违警责任年龄较之《大清违警律》降低3岁;规定了排除违警责任行为,例如正当防卫与紧急避险,作为免责事由;比照刑法理论上的共犯理论,规定了共同违警行为,且区分主犯、从犯,给予程度不同的处罚。违警罚方面,区分主罚与从罚,并根据违警行为的性质与轻重设置相应的主罚与从罚的种类与幅度;对于行为人除科以违警罚以外,增设了对受害者的补偿制度。再次,分则中根据行为性质与严重程度对各种具体违警行为的排列顺序及分类进行整合,凸显了《违警罚法》与《刑法》的分野。自1915年公布实施后,由于国内政局动荡无暇顾及,以及作为《违警罚法》之基础的《中华民国暂行新刑律》迟迟未能修改,以致这部《违警罚法》沿用多年,鉴于社会形势变化的需要,1916年内务部公布《违警罚则》,增设《违警罚法》的条文,以弥补《违警罚法》之不足。

(四)1928年的《违警罚法》

南京国民政府时期,其警察制度是在清末和北洋政府警察制度的基础上建立起来的,但由于时局变迁,且南京国民政府建立的警政,从形式到内容都是蒋介石警政思想的具体体现,因而这一时期与以往两个阶段相比,已显现出不同的特征。前文述及,蒋介石极为重视警察在国家政治生活中的作用,他认为,"建立警察为建立现代国家的前提",政府的各项法令规章,都需要警察监督执行;由此,警察是国家推行一切行政之动力;"现代警察,尤其在中国,具有超越一切的地位"。蒋介石指出,警察是政治的中坚,是社会的基干,警察不健全,社会就无从改革;社会不进步,国家的一切事业,就不能顺利推行。"凡社会组织之是否健全,地方秩序之是否严整,悉惟警察是赖。"①正因如此,这一时期的警政显现出鲜明的特征:警察与军队密切联系,蒋介石将其喻为飞机之两翼,警察安内,飞机攘外;警察与地方治安组织相结合,突出特务警察的作用。这一时期法规的修订也逐步体现出这些特征。

1928年,国民政府公布了新修订的《中华民国刑法》,内容大大扩充,由此1915年《违警罚法》与新刑法冲突抵触之处甚多。国民政府于同年7月21日公布施行了修订后的《违警罚法》,此时的《违警罚法》与北洋政府时期的法律在立法体例、内容上均未作更改,条文数目亦相同,总则仅措辞稍作修正,分则变化甚微,各类具体违警行为之名称、排列次序均未改变,仅内容稍加细化。实际上是将与新刑法相抵触与违反国民党党义之处予以修改,该法共9章,53条。

(五)1943年的《违警罚法》即《新违警罚法》

自清末《违警罪章程》《大清违警律》至1915年、1928年之《违警罚法》,虽几经修订,然其立法精神多承袭旧习,实难适应不断变化的社会形势。且1935年,修改后的《中华民国刑法》公布施行,新刑法参照德日等国先进学说理论及立法体例,从内容到结构均有较大变化。受其影响,与刑法紧密联系的《违警罚法》亦亟待作出相应的调整以回应。1936年春,内政部即着力重修《违警罚法》。1937年,抗战爆发,原已完成初稿的修正案草案就此搁置。直至1941年始得重理原案,几经周折,终有成就。于1943年由国民政府公布,同年10月1日施行,仍沿袭了前两部的名称——《违警罚法》。在结构上1943年《违警罚法》分为编、章、节、条四级,共2编12章78条,清晰明详。

围绕上述立法文本,针对如何更好实施即法律实践运行问题,当时

---

① 梁添盛:《违警罚法论》,台湾中央警官学校犯罪防治学系1985年版,第20—21页。

的学者们展开了一系列的注释活动，进而推出一批相关研究成果。如丘汉平编著的《违警罚法》、靳鞏的《违警罚法通诠》、汪文玑的《现行违警罚法释义》及郭元觉的《违警罚法释义》，这些著作所针对的对象是共同的，都是对《违警罚法》这一单行警察立法进行注释性研究的代表著作，也是中国近代警察法律知识的普及读本。如汪文玑的《违警罚法释义》和《现行违警罚法释义》，是较具代表性的关于近代警察行政法的解释类读本，本书分续论、本论和附论三部分，续论共7章，讲述违警罚法的历史沿革、意义、立法例、即决、解释与刑法的关系，以及与其他警察法规的关系。本论共9章52条，讲述总纲，妨害安宁之违警，妨害秩序之违警罚，妨害公务之违警罚，妨害伪证与湮灭证据之违警罚，妨害交通之违警罚，妨害风俗之违警罚，妨害卫生之违警罚，妨害他人身体、财产之违警罚。附录含首都警察厅办案须知、刑事诉讼法摘要、刑事警察用语摘要等。特别是林振镛著的《新违警法释义》[1]作为代表性著作，本书分导言、总则释义和分则释义，导言泛论警察和警察法之一般概念、范畴等理论问题，而总则和分则按照原条文依次解释。其特点，一是依据现行有效之警察法律法令进行解释，文本翔实；二是解释视条文而详略不一，简要精准且配有实例。三是参考文献较丰富，查证有据；四是附录有《办案须知》，很是实用。

三、1943年《违警罚法》的内容特征

《新违警罚法释义》反映出，1943年《违警罚法》无论在结构上或内容上，与前几部《违警罚法》相比，皆取得长足进步，达到一个立法的新高度。概言之，有以下突出特点：

---

[1] 商务印书馆印行，1945年出版。

(一)先进的立法理念

1. 违警罚法性质之明确

清廷 1906 年的《违警罪章程》是作为刑法的特别法出台的,此后《大清违警律》沿袭之;1915 年北洋政府拟定违警罚法时,已将"违警"与"犯罪"加以区分,并改"律"为"法";但这两部《违警罚法》承袭了《大清违警律》的立法体例、结构,内容也并无显著差异,未能体现出《违警罚法》与《刑法》的分野。至 1943 年《违警罚法》,在总则中规定了详尽完备的违警罚处罚程序,区别于司法审判程序;分则中各种具体违警行为名称亦分立于刑法之外,整部法典集成了实体行为界定与相应的处罚程序,凸显其脱离刑法规范而追随了当时西方国家独立行政法典的立法模式,从而属于行政法性质。南京国民政府时期的立法院于《违警罚法》三读通过时正式确认该法为行政法性质。

2. 基本原则之确立

总则中,第一条即明文规定:"违警行为之处罚,以行为时之法令有明文规定者为限。"由此确立了具有普遍意义的"行为与处罚法定原则"。这一条文又派生出另一分原则,即法不溯及既往,该条第二款表述为:"违警行为后,法令有变更者,适用裁决时之法令。"

3. 违警罚法空间适用效力之规定

自清末始,为挽救国家危亡,中国亟需宣扬国家至上、民族自决观念以为抵抗强敌之思想武器,国家主义观念成为意识形态领域的主流思潮。抗日战争全面爆发之后,南京国民政府更是大力宣扬国家主义、"大一统"及行政强权观念,以感召民众,号召全民抗日,这些理念体现在彼时的立法之中。应当时的思潮,1943 年《违警罚法》总则中首次明确该法的属地管辖原则及宣示了浮动领土管辖权。本书作者对这一立法举措高度赞誉,认为有利于确保国家行政法权之完整——凡在本国领域内违警,一律加以处罚,而不论其是何国籍,以洗昔日领事裁判权之耻。并将其视为本法优点之一。

(二)成熟的立法技术

1. 违警责任之细化

1943年《违警罚法》第九条规定:"违警行为不问出于故意或过失,均应处罚;但出于过失者,得减轻之。"是以确定了违警责任的基础是"客观兼顾主观"的原则。原则上行为只要造成客观上的社会危害,皆应处罚;但若主观恶性不大,则得以减轻。如前文所述,新生活运动对1943年《违警罚法》立法精神及具体内容有着极大的影响,为贯彻新生活运动的精神(盖使国民得以铲除懒怠散漫之习气,乃确立该原则)。1943年《违警罚法》确立了对过失违警行为予以处罚的原则,此处作者解释为"以使国民得铲除懒怠散漫之习气"。

明确承担违警责任主体的年龄,与前几部违警罚法相比有所调整,即年满14岁以上;且开创性地规定了减轻处罚的对象,包括未满18岁者、满70岁者以及心神耗弱或喑哑人几类。但对上述因不满14岁或心神丧失者不处罚的、未满18岁、满70岁及心神耗弱或喑哑人而减轻处罚的,规定了"管束"制度,也体现了违警罚的兼顾惩治与预防之目的。

排除违警责任之行为的规定,规定了正当防卫与紧急避险的,不应受到处罚。对此,作者的法理解释为:"国家对于人民,向许其在不得已者,用自己力防卫侵害,即以自力制裁对方之强暴行为。"同时对于正当防卫与紧急避险的成立条件进行了限定,即前者限于"在紧急状态之下,不能不借自力以制裁对方";而后者则为"危难者,惟限于生命身体自由财产,而名誉不与焉;至危难之发生,为自然的如暴风雨,或人为的如失火,则皆所不问"。

2. 违警形态之区分

1943年违警罚法区分了共同违警形态,即第15条规定的共同违警、帮助违警、教唆违警。盖比照刑法中的共犯理论而规定。但违警行为不区分未完成形态,《违警罚法》规定,未遂者不罚。

3. 违警罚体系之完善

1943年《违警罚法》的罚则部分,总则的第三、第四章规定了违警罚的种类、幅度及其适用,形成了完备的处罚体系。

违警罚主要包括三部分:主罚、从罚及保安处分。

主罚由拘留、罚锾、罚役及申诫构成。其中罚役制度为1943年《违警罚法》所首创,是违警人处以无偿的劳动服务为内容的惩罚。

从罚主要包括没入、勒令停业及停止营业。其中后两者主要针对实施违警的法人,如旅馆商铺。

保安处分并非严格意义上的一种违警罚类型,而是辅助违警罚执行的一项措施。1943年违警罚法创设了三项保安处分,其内容均为对违警人施以管束,主要针对:对未成年人、心神丧失人、精神耗弱人及喑哑人。具体为:教育,针对无人管束或不能管束的未成年人,送交感化院、儿童收养所等机构感受教育;监护或疗养,针对无人管束或不能管束的心神丧失人、精神耗弱人;矫正及强制学习生活技能,针对因游荡或懒惰而实施违警行为者,送交特定场所,矫正其无赖懒惰之恶习,强制其学习技能,使其获得生活能力,能够自食其力。

1943年《违警罚法》开创了"换罚"制度。即第21条规定的"罚役于裁决后责令违警人行之。如违抗或怠惰者,得以四小时易处拘留一日,不满四小时者,以四小时计算"。类似于现代行政法上的执行罚制度。

4. 分则对违警行为的整合与扩充

为贯彻新生活运动的精神,1943年《违警罚法》有诸多内容与之相回应。在分则增设了有关注重礼节、培养爱国观念、讲究卫生、革除陈弊、破除迷信等培养国民道德的诸多条款。例如增加了"非因故意亵渎国徽、国旗及国父像""升降国旗、唱国歌时,经指示而不肃立致敬者"等规定。另外将旧有违警行为加以整合,分类及次序排列皆有所变化,将妨害交通、妨害风俗、妨害卫生的违警行为置于妨害公务之前。特别对妨害风俗的违警行为进行扩充,以实现立法对于社会善良风俗的强化控制。例如涉及娼妓方面、对赌博行为的查处、对违反人道之行为的取缔、破除迷信、革除流弊等方面的规定。尤其是对于游荡无赖、不务正业者的处罚,1943年《违警罚法》显得极为重视,放宽了处罚条件,扩大了处罚对象,加强了处罚力度;不仅规定了相关惩罚措施,还辅之以相应的保安处分,以从根本上对这种社会现象加以矫正,显示出政府为消减此类行为做出的努力。

(三)完备的违警程序

以往的几部违警罚法在违警程序方面的规定十分简陋,远不能满足实务中的应用。1943年《违警罚法》规定了详细而完备的程序性规范,辟专章设置处罚程序,即总则第五章,共4节,22个条文,从而体现出其行政法性质。立法者注重程序的设计也反映了对当时世界先进立法理念与制度的借鉴与吸纳。

1. 关于管辖。明确规定了违警案件由警察局及其分局、区警察所管辖,划分了各级警察机关之间的管辖权限;并对法院与警察局之间的管辖权限加以规定:违警案件与刑事案件相牵连的,应先移送法院审查;若法院做出不起诉、不予受理或无罪判决的,再以违警案件进行处理。

2. 关于侦讯程序。该法明确规定,通常情况下侦讯由警官在警署内行使;必要时,可在违警地进行。对违警人可进行传唤,须使用传唤通知单；而对现行违警，也可直接传唤。对于证人也可传唤，但必须签发传唤通知单。对于事实清楚，无需调查的简单违警案件，亦可不经侦讯，当场作出裁决，但处罚种类限于罚锾与申诫。

3.关于裁决。对违警行为侦讯完毕后，应制作书面裁决并宣告，并即时交付行为人；事实清楚而无需侦讯的简单违警行为，也应制作书面裁决并于24小时内送达违警行为人。对于不能及时裁决的违警人，可令其提供"保证人"而不予羁押，取保候审；如有固定住所，无逃跑可能的，可无需取保。而无固定居所，不能缴纳保证金又不能提供保证人的，则需暂时羁押，但不得超过24小时。另外设置了法律救济程序，即不服裁决的，可提起诉愿。

4.关于执行的规定。1943年《违警罚法》第48条规定了执行的一般规定，即除法律特别规定之外，应于裁决书交付之后立即执行。同时也对拘留、罚锾、罚役等各种违警罚的具体执行方式与措施进行了详细规定。

总之，1943年《违警罚法》较之旧法变化甚大，立法技术也有了一定的提高。这部《违警罚法》是我国警察法史上一部较为成熟的治安处罚法规，对后世产生了深远的影响。1949年后，该法在台湾地区仍沿用，直至1991年6月才被《社会秩序维护法》所取代。

四、近代中国治安处罚法律的立法典范

（一）警察职权的扩张

1943年《违警罚法》吸取清末民初的立法经验及教训，同时亦注重采纳近代法学、警察学的先进成果和世界各国的立法技术，堪称中国近代警察法的立法典范。伴随着以违警罚法为代表的警察法及法规的

演进,警察职权趋于扩张,警察职权日益宽泛化与精细化,这在《新违警罚法释义》一书中体现得淋漓尽致。

首先,从警察的概念界定上,作者指出,"警察者,国家行政上之一种机构,用以管制人民之社会生活者也"。① 作者谈到,人作为社会的动物,不能脱离社会而独处;但人类在社会中的行为,必然受到一定的限制,接受一定的约束,从而成为体系健全的社会。而"管制此社会生活使纳于正轨之中者,则惟警察制度之是赖,惟警察为内政中第一要政,亦各国之所同也"。② 可见,作者将警察的职权上升到维系人类社会存在与有序运行的必要手段这一高度。

其次,对于国家观念的灌输。1943年《违警罚法》首次在总则中确定了违警处罚的属地管辖权及浮动领土管辖权。如前所述,当时学界对此高度评价,本书作者也将其视为该法一大亮点,认为有助于"确保国家行政法权之完整"。另外,在分则中也增设了宣扬国家观念的违警罚条款,确定人民有尊敬国旗国章、国父遗像及元首领袖之义务,借以养成良好之公民习惯,并以加强其对国家民族之意识。对此,作者作出的解释是:"国旗国章及国父遗像皆为国民所应尊敬者,若对之有亵渎行动,自为法所应罚,以崇体制而维秩序。""故本法特设本款,以增进国民对国家之观念,同时冀以养成其崇敬国家之习惯也。"

再次,分则违警行为的细化。作者也视其为本法一大特色之一。作者提及,"违警罚法者,消极的以管制人民之社会生活,积极的以造成优美之公民也。与其视为法令,毋宁目之为良好之公民教科书,每一公民实当持以为立身处世之圭臬,而每一警吏之宜奉为宝典,更无论已"。

在分裂动荡、内忧外患的近代中国,政府为维持社会秩序以巩固

---

① 林振镛:《新违警法释义》,商务印书馆印行,1945年出版,第1页。
② 同上。

其政治统治,扩充治安处罚的范围,警察也随之成为国家权力下移的重要助力。违警罚法作为治安处罚权力的立法体现,同时也是与中国警察制度相伴而生的,更昭示了政府通过立法寻求权力扩张的意图。

(二)违警罚法的去刑化

对"违警"与"犯罪"概念及其关系的认识,决定着违警罚法与刑法的关系。近代中国,学界对此问题有所认识但并无定论,大致可分为两种观点。第一种观点认为违警与犯罪并无本质区别,而只有程度的差异,其法益侵害性大小不同。如汤化龙在《大清违警律释义》中指出,"违警亦为犯罪也。惟其一般之重罪,其反德义之程度也大,故其可罚之价值亦大。违警之罪,其反德义之程度也少,故其可罚之价值亦少。……近世立法,两种犯罪适用同一原则,基此理者"。"犯罪多为世人公认,有关立法少有变动;而违警多由官厅告示确认,有关立法需因时因地发生变化。""故违警与犯罪之分离,为便宜计,非其性质之异也。"

随着近代学术研究的逐渐深入,更多学者主张第二种观点,即违警与犯罪,归根结底性质是不同的,且不在程度大小。它们具体区别的关键,学者又从不同角度提出不同的标准。一是从行为人的心理考察,犯罪行为人通常知其为恶而故意为之;而违警行为人只要有违反法令之行为,通常无需考察其心理状态。二是以行为性质角度考察,认为普通犯罪行为本身具有反社会性,属于刑法意义上的"自然犯";而相对的,违警则是所谓"法定犯",只因违反法规命令而应受处罚。三是以结果考察,认为对法益造成实害或有现实危险者为犯罪,而对法益仅有造成实害或危险的可能者为违警。

本书作者显然认同违警与犯罪性质不同的观点。关于何为违警,作者认为,"违警者,违反警察之作为或不作为之命令也"。关于违警的概念,作者是从警察职权角度进行的界定:一般警察赋有命令人民为某种作为,或不为某种作为之权力。基此权力所发出之命令,无论为书面的或口头的,苟在警察职权范围内,人民皆有遵守之义务,否则即为违警。同时,作者认为,违警行为之类型本不必列举穷尽,因为"苟为有碍社会秩序、安宁、卫生、风俗,或侵犯他人身体财产之行为,为有理性之人所能自觉者,其作为或不作为,即当认为违反警察之无形的命令";但限于违警罚法亦有类似于刑法罪刑法定之"处罚法定"原则,因而,"处罚之行为,须以违警罚法中有明文规定者为限也"。关于违警与犯罪的区别,作者谈到,"抢劫、窃盗等行为系刑事犯,警察可予拘送法院,而不能径予裁决,盖此非违警事件也"。

在此基础上,对于违警罚法性质的界定,作者主张违警罚法属于行政法规。对此,作者亦从警察的职权角度进行论证:"警察为一种行政机构,非司法机构,故警察法令,为行政法令之一种。警察对于人民之罚则,乃其于行政权力之行使,与司法权了无关涉。""违警罚法者,规定人民违反警察各种禁令时之罚则与科罚之方法也。"

最后关于违警罚法与刑法的关系,作者谈到,"违警罚法与刑法二者,初视之,似颇相类,实则其性质上有极大之区别"。进而从适用机关、科罚对象、处罚手段、处罚原则、适用程序等方面,区分了违警罚法与刑法之分际。

违警罚法是晚近产物,且为舶来品,当时西方理论界对其属性界定及其与刑法的关系尚经过了长久的纷争,即使到了现代,学界对此问题仍无定论。对于初接触西学的中国近代学者来说自然对此无法产生定论。然近代学者无论对于违警与犯罪的关系如何认识,对违警罚法与刑法的分际模式均持肯定态度。纵观我国近代五部违警罚法的立法演变,最初作为特别刑法面世,而逐步从对刑法的依附中脱离开来,独立使用，就是违警罚法的去刑化进程。到1943年《违警罚法》，已经明确其行政法规的性质。本书作者也强调了这一点。

（三）妨害风俗类违警罚之扩充

如前所述，与总则提纲挈领的规定相比，分则中对种种违警行为极为细密的规定，则更加直接地体现了立法者的意图。尤其在对妨害社会善良风俗违警行为的规定，1943年《违警罚法》与前几部违警罚法相比，上升到了前所未有的高度。而作者认为，这正是这部违警罚法的优点与特色。"确定车马行人应按左侧前进，不得拥挤争先等项"（第五十条第六款及第七款），以纳新生活运动于警律之中。"禁止屋内之赌博行为，以正风俗，而补刑法所未及"（第六十四条第八款）。"禁止虐待动物及不合人道之游艺，以养成善良仁爱之风俗"（第六十四条第六款及第六十六条第六款）。以上皆旧法所未有也。这在很大程度上是受当时新生活运动推行的影响。这场运动，如前文分析，以改造民众日常生活习惯为其表征，而实际上是以规制民众行为、控制民众思想、进而巩固强化统治为目的。而新生活运动中官方唯一提及的规范性法律文件即为《违警罚法》。因而《违警罚法》的立法演进则成为当时新生活运动的生动写照。

最后，这本《新违警罚法释义》表面上是以传统注释法学为主，不仅采用中国传统史学和律学的观念和方法，而且在很大程度上吸收了西方近代法学的一些观念和研究方法，特别是近代刑法学的方法。依据法律文本，结构上由导言、总则和分则组成，在导言中处理的是基本概念、对象、目的、任务、职权及手段等。置于篇首的总则释义是实施分则的前提，是关于贯穿分则及整部法律如何实施的一般原则。而分则释义是对"规定各个违警行为之构成要素及应科处分之限度也"的解析。作者说："总则所规定，为分则之共通原则，分则则分析个别的违警行为之内容。……本编即就分则各款，一一说释其意义，特别注重在每一行为之构成要素方面，与相关刑法各条文作一比较，藉明两者之分际。"①

结　语

1943年《违警罚法》是中国特定时代的产物，也是近代中国警政建设与法制发展的标志。因而，有着明显的时代局限性。在当时的历史环境下，国民党执政统治时期的警察法，在本质属性上与北洋政府时期的警察法律一脉相承。首先，包括《违警罚法》在内的民国警察法皆是基于国民党专制统治的需要。其次，有关立法过于崇拜域外制度而忽视了本土化问题，因而所制定出的警察法某些内容过于理想化，可操作性不是很强。再次，军阀混战割据的年代，中央颁布的警察法令执行不力，大量警察法规并未发挥其实际效力。

而1943《违警罚法》在台湾地区则施行了近半个世纪，直到1991年才被《社会秩序维护法》所取代。自20世纪40年代末至90年代初的四十多年间，台湾地区的经济社会结构发生了巨大变化。台湾地区的"土改"完成后，传统的地主、富农向资产阶级转变，中小资产阶级势力大为扩张；同时，随着20世纪七八十年代台湾地区民营经济的飞速发展，台湾地区中产阶级逐渐发展为社会中坚，旧的官僚资产阶级趋于没落。在这样的政治局势与社会环境发生重大变革的背景之下，40年代的旧法统已经不适应台湾地区发展的实际需要，台湾地区当局开始进行法制改革，以适应、保障和促进台湾地区经济社会的发展。在这样的背景下，大批国民政府时期的法律被修改或被废止，新法出台。而1943年9月颁布的《违警罚法》，从1979年8月即被着手修订，直到

---

① 林振镛：《新违警法释义》，商务印书馆印行，1945年出版，第69页。

1991年6月才公布施行,更名为"社会秩序维护法"。漫长的五十年间,岛内局势与社会变革剧烈,警察法学的理论水平与立法技术亦在不断提高,这部法律尽管经过数次修订,但其主体内容几乎没有变动,这也从另一个侧面反映出该法可经受时代的检验与推敲,具有长久的生命力。同时,其闪光之处,对于今天的中国仍有参考、启示价值,是中国警察立法史上的一笔宝贵财富。

启 事

我馆曾于1949年前民国时期出版《警察丛书》等警察法方面的作品。现为了积累与传承中国法律文化，特整理诸作品并集结成丛书，按简化字横排版予以再版，名为《中国近代警察法文丛》。

此套丛书中的作品，尚在著作权保护期的作者亲属，可与我馆联系，以便协商相关事宜。

联系地址：北京王府井大街36号
　　　　　商务印书馆版权与法务部
邮编：100710
电话：010-65219162

商务印书馆
2018年6月